JN440372

별도 떨어지면 똥

이소애 시선집

일러두기

이 시선집은 2002년부터 2021년까지 시인이 펴낸 여섯 권의 시집에서 가려 뽑은 시로 엮었다. 시집 발표의 연도에 따라 순차적으로 시를 구성하였으며, 각 부는 이를 임의대로 가름하였다. 해당 시집은 다음과 같다. 『침묵으로 하는 말』(2002), 『쪽빛 징검다리』(2009), 『시간에 물들다』(2013), 『색의 파장』(2015), 『수도원에 두고 온 가방』(2017), 『쉬엄쉬엄』(2021).

시인동네 시선집

별도 떨어지면 똥

이소애
시선집

시인동네

| 시인의 말 |

바다를 떠다니는 유빙처럼
숨죽이고
기억을 불러 가슴에 담았다.

유빙이 슬픈 현실을 받아들이며 떠다닌다.
수천 년 숨겨진 제 몸 안의 기포는
내 심장 속 시(詩)였다.

시(詩)는 내 삶의 파도를 극복하는 원천이었다.
행복한 기억으로 시(詩)가
떨리는 입술을 깨물 때
행복하게 불러주어서 고마웠다.

폭풍우가 몰아치는 새벽엔 뻐꾸기도 울지 않았다.

2022년 9월
비발디의 〈사계〉 중에서 여름 3악장을 듣다
이소애

| 차 례 |

제3부 | 시간에 물들다

제4부 | 색의 파장

제5부 | 수도원에 두고 온 가방

제6부 | 쉬엄쉬엄

제1부

침묵으로 하는 말

침묵으로 하는 말

씨앗처럼 말을
기름진 땅에 빠뜨린다면
포도알로 주렁주렁
열매 맺힐 거다

리트머스 종이에 말을
묻혔다 빼어보면
퍼렇게 일렁이는 바닷물
굳어버린 짜디짠 소금이 될 거다

어둠 속 웅덩이에 말을
남몰래 숨겨놓았더니
시커멓게 타다 만 숯덩이일 뿐

하지 않는 말
참고 사는 말
어쩔 수 없이 한으로 숨 막혀
화석으로 남는다

커피 한 잔

기다린다는 일도
기쁨인 것은
당신의 향기 때문이다

커피 한 잔의
작은 폭풍 안에
당신의 모습이 흔들릴 때

별빛은 쏟아지는
은밀한 밀어
찻잔으로 그리움은 밀려온다

연인의 입술 같은 한 모금의 전율
한 모금의 행복
기다린다는 일도 기쁨인 것은
당신의 향기 때문이리

다듬이질

흰 옥양목 버선을 손질해 놓고
풀 먹인 이불 홑청 속에
맺힌 한도 한 오락씩 포개어 놓으며
다듬잇돌은 차디찬 어두움을 깨고
별똥별 하나를 마루에 앉히네

이슥하도록 깊은 밤 달빛은
어머니의 다듬이 소리로
이마의 주름살을
한 오락씩 만지고 있네

빈 쌀독에 설움이 가득 차고
밀린 방세 때문인지
문풍지의 아우성도 요란스러우나
눈물꽃 젖은 하얀 손엔
반짝반짝 꽃으로 피어난다

어머니의 손

오디를 따먹은 딸자식의
새까맣게 웃는 주둥일 보고
여자는 사내마냥 억세면 안 되는 거라며
보리밥 고추장에 비벼주던
참기름 냄새 스며든 손

역마살 끼면 팔자 사납다며
깊고 깊은 시름 살강에 포개놓고
아궁이 불은 부지깽이가 지폈다
매운 눈물 치마폭 접어 훔치던
섧디 서러운 손

소금으로 간 저린
고등어를 구우시다가도
선 머슴애처럼 놀다가 돌에 넘어진 딸
상처 난 무릎에 아까징끼 발라주며
입으로 호호 불면서 달래주던 기억의 손,
비릿한 냄새 가시지 않은 어머니의 손이었다

바늘꽂이

내 안에는
잘 참아내는 아름다움이 있다

날카로운 눈매로 그대가
세상을 요동치는 폭풍을 안고 드는 날
심장은 뜨거운 열기를 다스리고
내일을 위한 새로운 피를
고통의 신음으로 수혈하리

아름다움은
가슴을 찌르는 충격
물빛 사랑으로 참아내는 일이다

상사화 2

그리움에 지친 눈물이 왜 핏빛인가를
그대는 알까
찢어지는 심장 그대에게 보일 수만 있다면
바람을 붙잡고 통곡하지 말았어야 해
목숨이 흙이 되는 날 그대 오시어
한 맺힌 영혼과 뜨거운 키스를 나눌
그날을 위하여 나는
나는 쓸쓸하게 죽어가고 있어

안개꽃

응어리진 수많은 언어가
몸부림치며 부서지는 눈꽃처럼
작게
더 작게 드러낸 얼굴

하고픈 말 소리 내지 못하고
안으로 더 깊게 그리움이 가슴으로
응축된 땀방울 같은
체내의 음운

유채꽃

바다는 파도가 일렁이듯
산에는 나무들이 춤을 추듯
노랗게 노오란 꽃물결이 내게로 밀려오네
새색시 첫날밤 노란 저고리
빠알간 사랑에 부끄러워서 고개 숙인
목이 긴 꽃이여
이른 봄 바닷바람에 어느 님 찾으려
저리도 몸부림칠까
사랑하는 사람을
못 잊을 사람을
다시는 되돌아오지 못할
영영 떠나버린 사람에게
처절한 눈물이 안으로 녹아
노오랗게 물든 사연
아, 그대 유채꽃

마이산

어떤 사람은
마이산이 좋은 까닭을
다정한 부부 모습 같아서라 한다

어떤 사람은
세상 정보를 멀리서 빠르게
들을 수 있는 두 귀가 있어서라 한다

어떤 사람은
말 못할 슬픈 한을 하늘 가깝게
높이 쌓을 돌담이 있어서라 말하지만

어떤 여자는
좋아하는 사람이 좋아하기 때문에
그냥 가보고 싶다고 한다

배우자를 위한 기도

서로 사랑하라고 말씀하신 주님
저의 배우자는 하느님께서 짝지어 주신
소중한 선물입니다

힘든 일터에서나
미워하는 마음이 하루를 피곤하게 하여도
그이를 생각하며 웃음을 갖게 하고
멀리 떨어져 있을 때도 서로를 신뢰할 줄 알고
로맨스 시절 달콤했던 사랑처럼
조건 없이 주는 너그러움이 있게 하소서

그이의 단점이 환멸의 불씨가 되고
분노와 고통을 주는 상처가 있다고 해도
기쁨과 슬픔을 함께 나눌 동반자와
서로를 치유해 주고 용서해 주며
대화로써 참아내는 용기 주시옵고
아름다운 삶을 살아가는 부부가 되게 하소서

간절한 이 기도를 그리스도의 이름으로 비나이다

아멘

5월의 꽃가루

정처 없이 떠도는 혼이여,
반짝이다 깜깜한 은하수로 사라지는 혼이여,
길 잃은 혼이 방황하다
고래 등에 업혀 5월의 꽃은 시들었다

시든 꽃은 이별의 아픔을 노래로 불렀다
사랑의 빛깔을 알려준 사람
꽃가루는 먼 먼, 헛될 것이라는 만남을
바다에 뿌리누나
파도 소리에 숨을 멈추었을 것

뼛속을 훔쳐낸 울부짖음도
꽃가루는 아름다운 꿈을 위하여
5월,
그날에 마침표를 찍고 가버린 눈물이 있었다

제2부

쪽빛 징검다리

성 글라라 수도원의 밤

장성의 성 글라라 수도원은
눈 부릅뜨고 보아도 어둠뿐이었다

지구의 꼭짓점
나 하나,
정(靜)
힘든 용서를 빌고 난 뒤
나는
갓 따온 사과의 향기에 물들었다

미움은 으깨어 작아지게
모난 생각은 깎고 깎아 둥글게
밤 깊도록
묵(默)
아픈 참회가 깊어
몸을 빼내기 힘든 밤이었다

지독한 하루

유리판 깔린 책상, 개미 새끼 한 마리 바쁘다
손가락으로 지그시 눌러 보았다
어떤 권위와 장난기가 발동한 것이었을까

개미가 발버둥 쳤다, 개미 발톱에
허공은 조금 찢어지고, 파편은
조용했던 시간을 압박붕대로 칭칭 감았다

그것도 잠시
죽은 개미의 발자국 냄새 찾아
또 개미들이 찾아왔다
내 가슴은 바람 탄 양철 대문처럼 덜컹거렸다
수컷 잡아먹는 왕사마귀 암컷이 떠올라
다시 힘을 주었다, 조금 강했을까

조용해진 사무실……

아하, 나에게도 무서운 독기가 있음은

범상치 않다는 뜻일 터
또, 또 개미가 들이닥쳤다
그들 눈물이 계산기 화면에 888888888888로 떴다

여러 쌍의 상여가
쉼 없이 줄을 잇고 있었다

수리부엉이

오늘밤엔 내가 수리부엉이다
비탈진 바위틈에 둥지 튼 수리부엉이다
토끼 한 마리쯤 문제없이 낚아챌 수 있는 발톱
그 움켜잡는 힘과 영역을 지키는 울음소리로
나는 하루의 옥문을 연다

깃털 속에 잠재워둔 너의 목소리에도
피 묻은 지문이 있더구나
나의 동공은 빛의 양에 따라 조절하지
가령, 진눈깨비 질척거리는 밤에도 나는
발톱을 가는 연습을 하고
세상을 입체적으로 보는 훈련도 달게 받는다

내 눈을 봐
양미간에 흠집 나지 않는 열정의 강도
그 눈빛,

나의 신체적 반응은 눈빛에 있다

바람을 빨아들이는 날개도 있다
빛은 섞을수록 밝아진다기에
증오 분노 저주 미움 등을 한꺼번에 버무렸다가
삼파장 전구처럼 하얀빛으로 선량해질 때까지
씨엉씨엉 창공을 나는 수리부엉이가 된다

풍뎅이

내가 자랑할 만한 짓이라곤
모가질 비틀어도 빙글빙글 춤추는 일이다

내가 할 수 있는 일이라곤
나를 내려다보고 있는 사람들보다 더 비천한
땅바닥에 벌렁 나자빠져서
부릉부릉 날개 파닥거리며 한밤 내내
사람들을 웃겨주는 일이다

무녀가 신을 만나 뛰놀듯
주문이 비수처럼 가슴팍에 꽂혀도
녹색 날개 펴 하늘을 나는 꿈이다

내가 배운 짓 전부는 목 비틀리고
발목 잘리고 몸 뒤집혀 구경거리가 되어도
날기를 멈추지 않고 도는 일,
살아서 누굴 위해 죽어가는 일이다

소금꽃

곰소항에 가면 소금꽃이 피어 있다

하얀 꽃 알갱이들은 햇볕과 바람이
바닷물을 퍼 마시곤 너무나 짜서 게워낸 흔적들이다

염전 사무실 구석구석 쳐놓은 거미줄에 걸려
파닥거리는 나방의 날갯짓
그 필사적인 탈출과 진동하는 우울증처럼
멀리서 머뭇거리는 소낙비구름

왕소금에 절인 굴비의 변신이듯
한 사내,
골 깊은 주름살에도 소금꽃 피어 있다

하늘보다 별이 많다

태양이 바닷속 깊은 잠자리에 들자
하늘은 별들을 깨워
떠먹어버린 시간을 토해내듯
톡, 톡, 톡 한꺼번에 터뜨린다

그이의 얼굴 밭고랑에는 은하수 같기도 하고
갓 피어난 검버섯 꽃떨기 같은 별들이
많이 떠 있다

별빛은 생의 철문이 열릴 때의 열꽃
수술실 문을 여닫는 순간의 공간에서
땀 젖은 손에서 저절로 구르는 묵주 알처럼
별들은 나의 기도를 기억하고
별빛은 억제된 슬픔의 뚜껑을 열어
얼어버린 냉가슴 매듭을 풀어 보이는 것

숨은 말들이 하나씩, 그러니까
유백색 달항아리 비워내고 힘을 얻듯

텅 빈 충만감 갖기 위해 비상을 꿈꾸는
별들은 창밖 산수유 잔가지에 매달린
열매처럼 더 빨갛게 떨고

폐선(廢船)

갈매기가 물고기 한 마리 포획해놓고 만찬을 벌이는 해질녘
속살 번뜩이는 갯벌에선 먹느냐 먹히느냐의 극한상황이 벌어진다
모래톱 음표들이 생사의 무거운 어둠을 연주하는 동안
무심했던 폐선은 아랫도리가 촉촉이 젖어 있다
태풍에 시달렸을 후유증으로 자폐증을 앓고

선을 그으며 옆으로, 옆으로 꽁무니를 빼는 농게가
빈 배 가슴속을 스리슬쩍 침입해 잠깐 몸을 뒤채며
아프다는 신음, 녹슨 울음소리 꾹꾹 눌러 참고 있다
죽은 물고기들의 비린내가 그물에 걸려 있는 동안
헝클어진 어부들 그림자도 촘촘히 걸린 채
별빛 삭은 뒤에야 출렁이는 어선,
먼바다 심해를 훑어내고 있다

갯벌에 물이 들기 시작하자
갈대밭 개개비는 해 진 서쪽 저녁놀을 물질하는데
폐선은 어린 새소리만 꿀컥꿀컥 삼키고

짱뚱어를 만난 날

장대비가 바람에 치여 쓰러지면서
하늘과 땅 사이에 빗금을 긋고 있었다

카페리호에 작은 우주를 싣고
바닷길을 따라간 전라남도 증도,
짱뚱어 만나러 짱뚱어 다리에 도착했을 때
저녁 햇살은 바닷속으로 꽂히고 있었다

개펄의 압력에 밀려 툭 튀어나온 눈으로
바다의 고요를 깨뜨리는 짱뚱어가
고물고물 폴짝폴짝 꼬리 치듯 헤엄치듯
재빨리 달아나다 멈춰서
먼산바라기 흉내를 내는 엉큼한 짱뚱어가
큰 집게발 한쪽만 달린 농게처럼
옆으로 뛸 줄 아는 습성의 짱뚱어가

그래, 사람과 닮은꼴 아니냐고
말하지 않았지만, 생각은 번뜩였다

나는, 내가 두렵다

어쩔거나
생각하면 두근거리던 그 소리,
펑
펑
펑
풍선처럼 터지는 고백소의 냉기,
꼭 토하고 말 것이라는
심장의 박동,

고백성사 표를 들고 부들부들 떨었던
신열은 뜨겁기만 했다
눈물이란 그렇듯 가슴을 무너뜨리는
홍수일 수도 있는 걸까

성호를 긋던 손이 먼저 알아버린 참회
그 파장이
끈끈한 먹이사슬에 걸려 퍼덕거리던
욕망을 물고 칭칭 감는 그 소리

아직도 떨고 있는 손
어쩔거나

섶다리

이쪽과 저쪽 틈새를 이어주는 다리
사람과 사람을 이어주는
내가 너에게로 건너가는
건너갈 때 통나무와 솔가지가 가지런히
내 발자국 찍어두는
겨울엔 눈이 쌓이지만 금방 녹고 마는
상여가 지나가도 끄떡없이 받쳐주는
참, 용케도 사람이 건너가면
삶의 중량에 못 이겨 출렁, 가라앉다가
다시 제자리 찾아 평형을 잃지 않는
쓸쓸히 늙어서 건너야 할
캄캄한 섶다리

갈참나무의 역전패

갈참나무가 옷을 다 벗어버린 날
벌건 맨몸을 겨우살이가 쪽쪽 핥고 있었다
딱따구리는 몸이 불어났는지 갈참나무 가슴을 쪼아
구멍을 숭숭 뚫어놓고 살면서
문구멍을 점점 더 넓혀가고 나무의 뼈는
바람 든 무처럼 흉흉하다 싶게 건성으로 서 있다
산 숲은 지금 비염 앓는 소릴 꾹 참고 있는 중이다

갈참나무가 숙주(宿主)에서 기생(寄生)으로 전락한 날
딱따구리가 콕콕 쪼아댄 입맞춤은 참을 수 없는 수모였다
새로 초록을 입을 때까진 귀 울음에 시달려야 했다

마른 몸이 힘없이 기울어졌다
나무들이 일제히 비켜, 비켜 하며 길을 터 주었으나
죽는다는 소리만 땅속까지 흔들렸다
겨우살인 왜 파안대소하며 먼산바라기가 되었을까

공감각(共感覺)

나는 가끔 소리를 눈으로 볼 때가 있다
소리와 눈이 한통속 되어
날개를 달고 허공에서 휘파람 불 때도 있다

손이라는 글자가 햇과일처럼 새콤달콤한 맛을 내고
파도 소리에 밀감 냄새가 밀려온다
7과 3의 숫자는 흰머리 노인의 모자로 보이고
23의 숫자는 내장산 단풍 숲 같다
붉게 타는 처녀 젖가슴에 손을 대면
깨진 항아리 밟히는 집 안방이 열린다
트럼펫의 〈도〉 음에서는 흥분된 키스를 연상하고
〈시〉의 울부짖음에서는 아픈 냄새가 코를 찌른다

아, 이럴 수가?
그의 얼굴에서 떠오른 푸른색과 보랏빛 목소리에서
산머루 열매 같은 검은 종양들이
심장의 수온을 상승시키고 있다
그의 몸에 붙어사는 바위버섯 같은 생이여

하늘은 노랗고 열정은 차가우니
신음하는 오후 설핏한 햇살 때문일까

무거움에 쉼표를 찍다

유조선 허베이 스피릿호가
뱃속 검은 이물질을 겨울 바다에 토하고 있다
그는, 지금 바다 위에 유령선처럼 떠 있다
어둠이 밤을 휘감을 때처럼 기름띠가
검은 파도를 업고 뭍으로 뜀박질해 온다
바다 사람들의 피 말리는 울부짖음이 그리웠는지
해변의 입술은 맛있게 파도를 핥아먹는다
만리포 해수욕장 〈무진장 횟집〉 간판이
해풍에 밀려 흔들린다, 내 뼈마디가 시리다
신두리 해안엔 뿔논병아리가
기름옷 흠씬 절어서 새까만 괴물이다
나와 눈을 마주치고도 두려움에 떨기는커녕
새의 눈은 무게에 눌려 반쯤 감겨 있다
몸을 웅크린 채 그대로다

개펄에 긴 선을 긋고 기어가는 게 한 마리,
나는 어쩔 수 없었지만
불가사리처럼 손을 내밀었다

게 한 마리,

존재의 버거움에 검은 쉼표를 찍는다

내장산 단풍

내장산에는 쥐똥나무 때죽나무 비자나무가 있다는데
며느리밑씻개 옆에 땅나리가
개상사화 밑에 황자색 처녀치마꽃이 피었다는데
으름나무 으름 따주던 소쩍새 한 마리가
어둠 짙은 숲속에서 소쩍 소쩍 소쩍
피눈물 계곡으로 흘려보내더니
단풍나무 계곡물 마시다 온몸 붉어져
나뭇가지 상사병 앓고 있네
내장산 단풍은 아픈 사랑 하고 있나 봐

자화상

베란다에 부레옥잠 보랏빛 꽃 피었다
해 떨어지자 보랏빛은 바래고
꽃대만 물속에 기억을 담은 물그림자, 쓸쓸하다

아슬아슬하게 살다 시들어버린 뒷모습
하루를 위하여 발버둥 치는 요란한 함성 들리는가?
하루만 살아야 하는 이유를 아는가?
부레옥잠화!

꿈도 보랏빛이다
꽃은, 슬픈 응어리를 버리지 못한다
제 몸에 스민 꽃 진 사랑의 상처 때문이리

외로움이 보랏빛으로 물들어 간다
해 지면 몸 작아져서
허리 굽히고 꿈도 접어야 할
약속했던 흔적은 어둠으로 잠긴다

쪽빛 징검다리

풀 먹인 쪽빛 모시 치마에는
햇살 한 움큼과
바람 한 줄기와
어머니,
곱디고운 마음씨가 서늘히 펄럭였다

한 모금 물을 뿜어
다림질할 때
배고픔이 안개처럼 풀풀 날렸지만
어머니,
구겨진 운명은 팽팽하게 펴졌다

시든 다리미 숯불
시뻘건 가슴앓이를 다시 지피고 나면
모시 치마를 밀었다 당겼다
졸음에 지친 어둠을 쫓던

다리미는 어머니와 나 사이

천륜의 쪽빛 징검다리를 놓더니
이제 와 찾아봐도 온데간데없다

말씀으로 들리는 풍경

기차가 시끄럽게 귀를 막는다
옆 사람과 말을 주고받으려면
소리란 소리를 온전히 모아 들여야 들린다
아하!
남편은 진작부터 아내의 눈을 대신했던 것일까
차창 밖에서는 구절초가 뒤쪽으로 내달리고
한 송이 구절초를 말하기 위해 남편은
목청을 높여 풍경을 들려주었던 것

등받이가 긴 의자

사무실, 등받이가 긴 의자가 시커멓다
오래된 가죽에 주름이 깊다
다리 네 개가 짧거나 길거나 제멋대로여서
삐걱거린다
나의 하루를 훤히 들여다보고도
비밀을 지켜주는 듬직한 의자다
간밤 몸살을 앓고 출근하면
저울 눈금처럼 한쪽으로 기운다
어깨통증 때문일까 오른쪽 팔걸이가 기우뚱하더니
내 등 굽어지는 각도로 물길을 튼다
엉덩이를 들면 어지럼증으로 출렁이는 의자다

수십 년 나를 떠받드는 의자처럼
내가 당신의 의자였으면 한다

여벌 웃음

말레이시아 랑카위섬에 몸 풀어놓고
햇볕에 말린다, 동햇가 덕장의 오징어처럼
발가락으로 바람을 잡는다
아침 햇살이 반쯤 들어온 리조트 천장에선
선풍기가 정신없이 돈다

주둥이만 삐죽 나온 새가
코옥콕 찍찍…… 중얼거리며
문주란꽃 사이를 껑충껑충 날아다닌다
첫사랑의 눈총이 마주쳤을 때처럼
랑카위 새와 내가 불똥이 튀긴 건 의미가 전혀 다르다
삶이 바닥나 단별 정신뿐인 나에게 새는
저 푸른 자유의 행복을 설하려는 것이었을까

선풍기 바람은
처마 끝 낙수가 꽂히는 빗방울 소리처럼
이방인의 피 맑은 무소유를 귀담아
바다 쪽으로 날려 보낸다

내 헤픈 여벌 웃음까지 꼬깃꼬깃 접어
오징어처럼 말리는 랑카위섬이여

신기루

오랜 기다림 끝에 만나는
환희 같은 것

잡힐 듯하여 달려가 보면
더 멀리 달아나 손짓하는
꿈속의 꿈

행여 마음 비우면
잡힐지 몰라
숨 가쁘게 돌아가는 온종일
목숨이 들끓는 나는,
굴절하는 태양의 숲속으로
삶의 뻐대를 휘어 걸치거나
밀어 넣거나

오랜 기도 끝에야 보이는
신기루 같은 것

혈맥(血脈)

솔가지처럼 눈썹이 똑같은
옹알거리는 아기와
아기의 아버지와 할아버지가
성당 앞마당을 지나가다가
한꺼번에 터뜨린 산수유꽃을 보자
일제히
와아~ 한다

목소리가 같은 봄볕을 줍고 있다

문, 열리다

바다가 텃밭이 되는 21세기의 문이 열린다
미래의 꿈이 보이는 문이 열린다

인간과 우주가 조화를 이루는 곳
생명의 근원인 자연의 광채가 새벽의 문을 열고 있다
태양이 이글거리며 어둠을 깨울 때
땅은 일 년 내내 진통했을 것이다
바람도 비켜서 돌아갔을 것이다

고통은 내 삶의 무늬와 같은 것
녹슬어서 헛돌았던 시간은 다시 두들겨도 보고
닫힌 문 박차고 뛰어가 본다, 또 뛰어가는 거다
피 끓는 생을 위하여

새만금이 동북아 거점이 된다더라
미래형 경제자유구역이 되어서 고군산은 국제 해양관광지
로
태권도공원에서는 함성을 터트리고

우린 철새도래지 쌀을 먹는다더라
하는, 새 시대를 기다리는 꿈이 있기에

우주는 달리는 나의 상상력이 펼쳐진 공간
인위적인 것과 속박에서 탈출하여
저, 부글부글 타오르는 태양처럼 누군가를 위하여
내 몸을 불태우는 오늘을 살 것이다

아름다운 소멸

가을, 붉은 바람이 문 밖에 와 서성거리자
고추는 온몸이 후끈 달아올라
속살까지 빨개졌다
아마 드센 불길을 집어삼켰으리라

아니면 매운 성깔을 보다 못한
햇살의 살촉이 심장에 꽂혀
터진 생피가 온몸에 번졌으리라

그래, 이 가을
깊은 생각을 갈무리하려고 씨앗은
노랗게 숨죽이는 것이고
아름다움은 용서로써 성숙케 하여
마지막엔 저녁 놀빛이 되는 게 아닐까

사랑을 굽다

고구마를 굽는 양면 석쇠를 샀다
플러그를 꽂고
돌려놓은 타이머가 되돌아올 때까지
그이의 무릎은 삐걱거렸다
신나는 연극을 구경할 때처럼
사랑을 굽기 시작한 차가운 저녁

—우체국 사거리 군고구마 손수레 기억나지?
참나무 불꽃이 튀던 양철 화덕
우리의 사랑도 구워주었던가!
그 귀마개 아저씨 늙었었는데, 습관처럼
우리 귓속말을 훔쳐 듣곤 했었지

간판들이 덜컹거리던 밤거리
고통의 잔영들이 휩쓸고 간 세월도 늙어서
밭은기침 소리에
다 된 타이머를 놓치고 말았네

점(點) 하나

하얀 캔버스에 노란색
점(點)
하나뿐

있고 없음은
서로를 확인하는 존재의
공간
울림이다

비움은 채움을 포용할
풍요로운
정신적 광야인 것

내가
나의 본질만 남기고
압축시킨
점(點)
하나는

꽃잎의 신체적인 표현인 것

삶의 여백에
경고장 같은 것

비움 空

대숲은 악다구니를 쓰기도 했다
생과 죽음의 경계를 넘나드는 순간 못 이겨
절명의 소리를 내지르면서도
빳빳한 마디, 마디들이 직립 고집을 세워
생존 터득했을 대숲

제 몸속에 허공 들여놓고
슬픔 비워낸 대나무처럼
바람 발자국이 남긴 소리 보이지 않게
나, 작고 작아져서
한 점 남김조차 없어야 할 무거움이
숲을 이룬
내 안의 空

제3부

시간에 물들다

별도 떨어지면 똥

원통하고 분해도 떨어지면 똥이다
은하수 무리에 숨어서 숨 쉬면 별이다

밤하늘에 비수를 긋고 뻰쩍이는 빛은
곧 스러진다
똥줄 빠지게 매달려야 산다
반짝거려야 별이다

떨어지면 별똥별이여
내가 나를 붙잡고 살아봐

첫사랑

혹독한 첫사랑은 상처 속에 향을 품는다 나는 바다 냄새를 좋아했고, 우린 냄새로 소통하는 물고기여서 그가 떠난 뒤에도 첫사랑 냄새를 맡았다

턱수염이 지느러미처럼 스쳤을 때, 나는 그의 바닷속에서 파닥거렸다 물결이 서로를 잡아당겼을 때 바다는 파릇파릇한 냄새를 등에 실어 보냈다 사파이어 반지를 미끼로 세상 밖으로 던진 낚시꾼과 한통속인 바다였다 제 몸이 보석인 양 눈부셨다 빛을 튕겼다

때로는 라벤더 향이 미끼에 스며들었다 그는 몸에 익숙한 소리로 물고기를 잘 불렀다 콧잔등이 파도를 일으킨 뒤에는 나는 이미 도망쳤을 때다 방향을 바꾸고 모래시계처럼 흘러내리거나 퍼져서 혼란에 빠지고 나면 갈매기 발톱 냄새도 코를 벌름거리기 시작했다

첫사랑은 수평선을 출렁거리게 했고, 삐죽삐죽 나온 내 마음은 날을 세워 바다를 찢었다 바다 냄새는 그대로인 채 유독

가스를 품고 세상 밖으로 뛰쳐나왔던, 그래서 혹독한 첫사랑은 상처 속에 향을 품었던 것일까

필명(筆名)

고등어 등때기는 푸르다, 날렵한
꼬리지느러미가 바다를 제 마음대로 끌고 다닌다
맑은 눈에서는 파도가 숨 쉰다
싱싱한 탄력이 고추장 온통 몸에 처바르고
연탄불 위에 편안히 누워서 황홀하게 유혹한다
술이 사람을 마시는 가난한 골목,
고등어는 힘든 하루 제 몸 뜨겁게 태우고 있다
막걸리에 취한 사내가
젓가락 장단에 사랑하는 사람을 부른다면
혀 꼬부라진 고백이 거짓이라 해도
원고지에 솔솔 피어오르는 푸른 연기 같은
시 한 편이 되었으리라
그의 필명을 '고갈비'라 불러야 마땅하리니

눈 부릅뜬 고등어는 바다에서 본 구름을 부러워하고 있을지도 모른다 심장을 연다는 것은 또 다른 삶, 아버지의 단감 냄새는 홍얼홍얼 비틀거리는 골목 담벼락에 무늬로 찍혀 있었다 신문지에 싼 간고등어 한 손, 그 고등어는 짜디짠, 부패

한 사람들에 대한 항거의 몸부림이었을까, 펄펄 살아 파도 소리로 울부짖고 있었다 저녁 밥상에서 고소한 바다 냄새로 파도치고 있었다 쫄깃하고 담백하면서도 깊은 맛, 첫사랑 연인의 옛 입술을 더듬어 시 한 수 읊조린다면 간고등어, 그거 '얼간잽이'라고 불러야 딱 맞아떨어지지 않겠는가

시(詩)와 나

인간의 생체 정보를
우주는 암호로 이용하고 있었던가
손가락 움직임과 걷는 모습
목소리의 변화, 움직이는 모든 것을
행동 인식시키는 그물망에서 탈출하고 싶다
실핏줄같이 엉킨 감정까지도 훔쳐 갈 모양이다
자유롭지 못한 지구의 공간을 날기 위해
양팔을 휘휘 휘둘러본다
생체리듬이 뒷걸음칠 모양이다
눈물을 자극하는 언어를 꿰어볼 양으로
콩꼬투리 속의 생각을
혀끝으로 맛보다가 꼼지락거리다가
'쭈뼛쭈뼛'이라는 떡밥을 놓고
원고지 빈칸에 넣었다가
허공 멀리 출렁, 낚싯줄을 던져보고 싶다
분노가 가라앉은 앙금을 남긴 관계,
그를 이겨낼 힘은 잊고 사는 것일 뿐
시 한 편 더 쓰는 일이다

거미줄의 물방울처럼 생을 붙들고 사는 것
쭈뼛쭈뼛했을 어둠의 공포에서 탈출
아! 우주를 유영하고 있는 시(詩)의 파편들을
잠자리채로 잡아본 그이와의 관계 이야기

연어를 사랑하는 여자

그 여자는 낙태를 경험했다 목숨과 바꿀 수 없어 태아를 버렸다 버린 태아가 생각 속에 살아서 발로 차거나 몸을 돌리고 양수를 터뜨리면서 세상을 향해 버둥거린다

그런 후, 여자는 연어의 붉은 살을 먹지 않는다 바다 무늬가 있는 연어가 수천 킬로미터 헤엄친 파도 자국을 잊지 못해 자궁 흉터 같은 산란지를 더듬는 습관을 질투한다

그 여자는 발꿈치에 물집 생기도록 떠돌아다녔지만 뼈마디는 물지게처럼 삐거덕거렸다 양심 껍데기를 찧는 떡메 소리가 났었다

연어는 산란 후 피와 살을 다 주어버린 물고기, 등지느러미가 찢어지고 꼬리를 앞뒤로 흔드는 사투는 최후 목숨이 끊어지는 어미의 기도였다 죽음을 딛고 죽음을 극복한 연어의 삶이다

그런 후, 연어를 사랑한다 깨달음이다

바다의 똥

신안군 증도 햇살은 팽팽하게 긴장한다 천네 개의 섬이 그물처럼 서로 잡아당기고 있기 때문이다 그물 속에선 은빛 물고기가 파닥거린다 붉은 농게는 허공의 바람을 찍어 갯벌에 꽂고, 오선지에 그린 음표가 살아서 소리를 내는 바다

바람길 따라 조금만 들어가면 바다의 똥 냄새가 물씬거린다 짭조름한 맛, 염전은 염부의 가난을 쪼글쪼글하게 절이고, 늙은 소금밭 일꾼을 위해 바다는 마음껏 사랑을 퍼붓는다 흰 이빨을 벌리고 웃을 때까지 짠맛은 하얀 꽃똥 싼다

어릴 적 아버지가 내 똥을 묻은 구덩이에서 호박꽃 피우듯, 바다의 똥은 소금꽃 피우기 위해 짜디짠 구린내를 품고 산다

환청(幻聽)

지난 장날 내다 판 송아지가
끌려 나갔던 사립문 쪽으로 살아서 걸어온다
젖 냄새 얼룩진 송아지,
콩깍지 넣어 만든 여물을 먹다가
외양간 둘러보며 어미 소를 찾는다
워워 목이 쉰 울음소리가
논과 밭으로 바람을 끌고 다닌다

그날 이후
자동차 소음이 마을을 짓밟고 있을 때
소는 멀리서 부들부들 떨고
매몰될 구덩이로 파낸 흙이 먼저 주르르 흘러내린다
어미 소는 허공을 물어뜯어
분노와 원망과 좌절을 새김질하고
큰 눈동자 속에 공포의 방제복 사람들을
동영상처럼 담고 있다

그 여자는

지울 수 없는 한숨을 소와 함께 매몰시켰다
소의 발길질에 맞거나 찔린 상처만 살아서
제 몸 꼬집는 악몽으로 산다

맹어(盲魚)

중국 구향동굴은 어둠 속에서
어둠과 한 몸이 된 맹어가 살고 있다

나도 어둠이 스며드는 눈을 감고
사람을 보는 코를 열었다
사람이 사람의 말을 들어 보는 귀도 세웠다

지구의 목을 찌를 듯
송곳 같은 물방울 끝이 동굴에서 떨어질 때의 울림은
천길만길에서 들리는 무서운 공포가 어둠이었다
생명을 끌고 갈 수 있겠다는 두려움
그 두려움이 맹어를 덮치고 있었다
수억만 년을 어둠은 소리의 파장으로
생존을 터득하는 물고기로 진화시켰을 터
맹어처럼 사는 치매 할매가 동굴에서 기어 나온다
엉덩이 관절뼈를 맞추며 꼿꼿이 허리를 세우는 할매와
할배의 하얀 수염을 위하여 맹어는
보이지 않는 길을 동굴에 만들었을 것

우주 한 꼭지에서 버티어 온 손가락 마디마디에
금속성 물방울이 핏빛으로 물든다, 아프게
뛰는 심장으로 말한다는 맹어는
번뜩이는 한 줄기 불빛인지도 몰라

시간에 물들다

빛바랜 옥양목 버선 한 죽이 모였다
장롱에서 금방 꺼낸 삼호장 노랑 저고리들이다

꼰지발 딛고 시내버스마다 손 흔들던 가시내들이
시끌벅적 책가방 허리춤에 메고 후닥닥 올라탄다
가쁜 숨소리가 먼저 의자에 앉는다
비포장도로를 구르는 목소리가 덜거덩 웃음을 뱉어낸다

버스 행선지를 한눈에 들여놓지 못해
첫 글자만 읽다 쫓아왔다는 수다쟁이는
차가 멈추자 고개를 앞으로 기울이더니 뒤로 꺾는다
아직도 관성의 법칙에 서투른 불균형이다
출석부도 없이 하나하나 이름 부르며 빨리 내리라고
독신의 상팔자가 손사래 친다

소풍 때 가본 호숫가 그 집, 새우탕 시켜놓고
깔깔대는 소리를 스마트폰 카메라에 담는다
벌겋게 등 굽은 새우들이 따로 없다

봄이 한참 지났는데 입가엔 하얀 밥풀 망울이 맺혔다
시간을 악물고는 퍼석퍼석 말라버린 꽃빛들

아, 그 물듦이다

물의 언어

—브라질 이구아수 폭포에서

뭉클한 함성이다
물방울이 태양을 핥아 혀끝으로 터뜨린
저항 언어가 쏟아져 내린다
지구는 귀가 멀어 들리지 않았을 터,
물방울도 모이면 목소리가 커지나
물의 숲, 그 숲에서 물은
뛰어내릴 공포에 질려 얼굴이 파랗다
추락은 바다를 만나기 위한 생의 굴절,
허공을 물속으로 끌어당기는 신의 명령이다
조롱박처럼 양손 오므려 소리를 떠올려본다
한 움큼 신의 눈빛이 파고든다
폭포는, 물고기들의 영혼 그 분노를
번쩍번쩍 튕기는 언어로
연어와 숭어와 가시고기, 그들의 처절한 생을
소리로 새김질하면서 낮은 곳으로 떨어진다
미로의 세계로 빨려 갈지도 모를
물의 저항이 부글부글 일렁인다

물고기는 물에 젖지 않는다

물고기는 물에서 살아도 물에 젖지 않는다
풍랑에 비뚤거리거나 쓰러지지 않아
제 몸, 가시가 찌르는 대로 산다

물고기는 무리를 지어 다니다가
낡은 문패가 있는 집도 잘 찾아다닌다
문을 열지 않아도 드나들 수 있고
물결의 비늘 빛깔을 바르고 꼬리를 흔든다

그들은 알고 있을 터
연평도 젊은 핏방울들이 웅얼거리며
파도 소리에 숨죽여 사는 소리를 뜬눈으로 듣는다
바다는 물고기를 자빠뜨리지 못한다
넘어지면 파도가 끌고 다닌다
바다는 밀물과 썰물에 길을 터주며
물에 젖지 않을 밤하늘 별빛으로
몸에 색을 그린다
쪽빛은 색을 위한 무채색이었다

쇄빙선

쇄빙선이 빙판에 올라가 부들부들 떤다 구름이 시리도록 발을 동동 구른다 태양은 두툼한 옷으로 감춘 남극이다 바다는 빙점을 깨고, 부수고, 꿰매고 몸부림친다 수술대 위에 누운 환자의 생각은 쇄빙선을 타고 바다를 누비고 있다 엎드려 척추를 내주고 있다

말소리조차 꽁꽁 얼어붙은 종합병원 수술실 빨간 불빛이 결빙해역 신호등 같다 메스가 환부를 도려내는 동안 환자는 핏빛 바다를 항해하는 꿈을 꾸고 있다

얼음덩이처럼 차가운 육체
링거 줄이 하늘과 사람을 줄 긋고 있다
바람아, 얼음을 녹여다오
파도여, 기억을 찾아줘요

평생 삶의 항로를 열어준 쇄빙선의
침묵
닫혔던 영혼도 뚫릴 것 같은

희망!

쇄빙선은 부서지는 얼음조각으로 퍼즐 맞추듯 산다

사랑을 끌다

남편은 끌배처럼 강력한 엔진을 갖고 살았다
근육을 만들고 체중을 불려서 강철 같았다
선수(船首) 선미(船尾)에 타이어 목걸이를 달고
순종하는 아내와 나침반 뜻대로 살았다
사랑을 끌고 다녔다
아내와 한 몸이어서 접안할 때나 입항할 때
침몰하거나 좌초할 때도
목적지까지 사랑을 붙잡고 살았다

항해사 손바닥에는 지구의 해도가 있어
그의 운명은 바다와 하늘 안에 있었다
고난과 역경의 시련에서 별자리를 찾았고
심장의 위치를 찾아서 허리춤에 밧줄을 감고 살았다
첫 아이 진통이 왔을 때
아내는 열 손가락으로 바다의 머리카락을 쥐어뜯었고
예인선은 앞뒤로 매달려서 뛰었다
조류를 가늠할 두뇌가 있어 생명을 얻었다

긴 항해 끝, 신발을 벗고
컨테이너 야적장 너머로 끌려 들어오는 예인선,
파도는 바다를 끌거나 밀면서 가벼운 몸무게를 만들었다
허약해진 몸무게는 폐선에 바짝 붙어 무릎을 꿇고
사랑이 끌고 왔다
끌배는 파도 소리마냥 마두금(馬頭琴) 연주를 생으로 듣곤
했었다
몽골의 바람과 말의 영혼을 파도의 음성으로 듣는다
낙타의 눈물은 빈 바다에서 표류하는가

워낭 소리가 빛으로 들리는 집

장성읍 상오리
마음이 깨끗할 때는 멀리서도 보이는 집
산 깊이 고요를 뚫고 들어서면
휴대전화기도 딱 눈을 감는 집
눈을 감고 통제구역을 뛰어넘고 싶은
내 발걸음 소리가 굴레 벗은 소처럼 반항하는
참 버릇없이, 참 자유스러운 집
눈 코 입만 네모난 구멍으로 볼 수 있는
안칠라 수녀님이 사는 봉쇄수도원

하룻밤 자고 나면
아무것도 보이지 않고 코뚜레가 넘보이는 곳
멍에를 맨 워낭 소리가 빛으로 들리는 곳
노간주나무가 살아서 향기로 몸 감돌곤 하는
뜨거운 분비물을 품어내는, 소처럼 사는 곳

나는, 수녀의 웃음과 손을 꼭 잡고 싶었는데
내 손이 나보다 빨리 숨어 버렸다

멍에를 진 욕심 굴레를 끊어버리라고
오래도록 워낭 소리가 빛으로 들리는 수도원

어떤 피정(避靜)

접고
또
접고

오리고
오려서
가운데
구멍을 낸

액막이
연을
높이
더
높이
광활한 곳

오동나무 연자새
손아귀를

잡아당기며
무명실 풀려 나가듯

무거운 죄에서 빠져나온 피정

가야금 소리가 들리는 나무

오동나무가 춤춘다, 춤은
명주실 같은 빗줄기가 여러 겹 꼬이다가
풀어질 듯 모아지는 소리의 전율이다
열두 개 빗줄기를 팽팽히 당겨도 보고
뜯거나 튕기면 오동잎에 초록빛으로 스며드는 빗줄기

소리는 가야금 울림통이 빗방울을 흔드는 것
오동잎 손끝에서 울려 나오는 슬프디슬픈
보랏빛 연가였던 것
빗줄기 흔들어서 가난했던 어머니의
굽은 허리 같은 버선발 밟히면
통곡에 지친 흔들림이 출렁이는 오동잎

저고리 앞섶 차디찬 젖꼭지 빨듯
허기진 눈물은 울림통에서 소리를 만든다
응어리진 한(恨)이 소리로 울리는 오동나무

제4부

색의 파장

막사발

막사발처럼 울퉁불퉁 거친 삶을 살아온 아버지를 본다
협곡의 굴곡진 바람은 막사발을 감고 돈다
뽀얀 막걸리가 아버지 갈증 달래주는데
울음소리로 억지 잠 부른다

옹색하게 살아 주눅이 든 아버지처럼
막사발은 살강 귀퉁이에서
번뇌와 시련에 시달렸고
모서리에 오래오래 걸려 있었다, 모서리가
아버지를 끌고 다녔다

생의 발자국 새겨진 막사발 굽엔
하늘나리꽃으로 피어난 아버지가 계신다

사랑꽃

예쁘다,
예쁘다고 하는 영감이
더 예쁘다

삼례시장에서 찐빵 대여섯 개
영감 가슴에 품고 오더니
사랑꽃 피어나 따땃허니 맛있다
사랑을 품에 안으면 따시지요

부뚜막 군불 지핀 아랫목처럼
할매 등짝이 꽃피는 봄날처럼
환하게, 생의 주름꽃이 화들짝 피어난다
장작 두어 개비 짊어질
기력 없는 영감이어도
안쓰러운 아내를 위한 간헐천 같은 열정은 남아
지핀 불쏘시개가 활활 탄다

댓돌 위 고무신 두 켤레는

함박눈이 겹겹 쌓이며
서로를 녹여주는 배려의 꽃,
사랑꽃이다

어머니의 업보(業報)

비정규직 아들이 재계약하는 날이다
정규직들 눈치 보느라 주눅이 든 아들
기울어진 어깨를 떠받쳐 줄 힘,
그 힘을 위하여 어머니는 기도한다

아들 생의 무게에 휘청 허리가 휘었다
정규직 반장의 욕설을 참아내느라 쪼그라진 울분,
그 분노에 발싸심하다가
손가락으로 귓속을 파는 게 습관이다

찌그러진 헬멧에 머리를 흔들어 맞추고 사는
아들,
새벽어둠을 머리에 둘러쓴 헬멧이
아들의 목숨을 꼭 붙잡아 준다
모퉁이를 돌아갈 때까지 몸뻬 속 다리가 후들거리고
그물에 걸리지 않는 바람이 오토바이 소리를 몰고 간다

썩은 과일처럼 내던지지 마옵소서!

자식의 하루가 어머니의 업보다
사내하청 노동자의 어머니는 속이 빈 깡통 같아서
눈물방울 방울마다 천둥소리가 난다

사후(死後)

자동차 바퀴에 다리를 빼앗긴 사내의 목발 소리가 쫑쫑하다 덕유산 향적봉 오름길엔 타이어가 제 몸 분해하여 서로를 부둥켜안고 누워 있다

타이어는 살아서 길을 둥글게 밟았을 터, 죽어서 길이 타이어 몸통을 밟고 산다 사람이 타이어 뼈들을 밟으며 오른다

지구를 달렸을 바퀴가 고사목처럼 길에 깔렸다 바람이 동그랗게 속도를 내며 타이어 발목을 휘감는다 뒤바뀐 빛과 그림자

사내의 목발에 상고대가 피고 지고, 벼락을 삼키다 쓰러진 주목나무 곁에 함박꽃나무 백당나무가 살아있다

바다도 슬퍼서 운다

가만히 있으라, 가만히 있으라, 땅다람쥐만도 못한 인간이 짖는 소리다 땅다람쥐는 포식자 앞에서 경고음을 낸다는데, 동료들을 피신시키고 죽는다는데, 팬티만 입은 남자는 혼자만 도망가네!

주먹을 쥐고 허공을 치며 통곡했다 바다가 미안해서 물고기 등지느러미에 노란 카네이션을 달았구나 물고기는 팬티를 무서워하지, 물고기는 노팬티여서 파도와 다투지 않는다

밤바다는 온화하다 별빛은 파도에 몸을 내려놓고 왔다 간다 물고기는 위도와 경도를 묻지 않고 꼬리 치며 산다 바다는 남북 경계선이 없어 자유를 만끽하는 민주공화국이다

바다도 슬퍼서 소리 내어 울 때는 사람이 바다를 분노하게 만들어서다 바다를 달래주며 생을 즐기는 물고기처럼 아가미로 숨 쉬는 교육이 필요하지 파도의 눈물은 왜 짠가?

바다를 필사하다

단원고 백지숙 양의 시계는
바닷물을 필사하고 있다
구조되면 연락한다는 휴대전화 글자를
움직이지 말라는 말을 녹음하고 있다
주인은 없어도 달려가지도 멈추지도 않고
시간을, 밀물과 썰물에 흔들리며 필사 중이다
물고기처럼 아가미가 없어
파도의 등을 타고 하늘로 날아간 별의 눈물이 짜다

시계는 시간을 덤으로 주거나
바다에 던져도 양보하지 않아
빈방에서 꼬박꼬박 독서 중이다

인간의 삶을 묵묵히 내려다볼
밤에 피는 바오바브나무 꽃이 될지도 몰라
박쥐가 꽃가루를 번식시키듯 소문이 나겠지
천 년 후
바다의 나이테는 킬리만자로의 만년설처럼

천천히 천천히 차갑고 뜨거운 절규로
세상을 내려다볼 것이다
물고기 뼈들과 시계의 영혼과 산호초가
암각화처럼 줄무늬 층층 뇌를 끄집어내어
세월호 풍경을 새길 것이다

폭설이 광고지에 눕다

폭설이 강의 목덜미를 잡고 살래살래 흔든다 멀쩡한 강물이 침묵이다 깨진 소주병을 던지고 싶은데 깊게 파인 눈주름이 얼음 속 강물처럼 숨이 멎어 있다

전단지처럼 구겨진 마른 갈대 위로 한 뼘 눈이 깔고 앉았다 그 위대한 힘을 밀어내지 못해 오리 발자국처럼 파닥거린다, 침묵의 나이테를 깨보고 싶다

광고지가 길바닥에 버려져 있다 일자리 찾는 아파트 경비원 털목도리에는 두꺼운 근심이 쌓여 있다 오그려 쥔 손가락에 우울한 그늘 서너 평을 깔고 누워 있는 폭설이 참 무겁다

폭설은 바람 뼈를 훔쳐보거나 발로 밟아 보겠지, 강의 침묵은 분노할 때 제 몸을 물의 형태로 변태한다는데 눈물이 멈추지 않는다

노동자는 폭설이 다 녹을 때까지 하루를 쉬고 또 쉰다 폭설이 광고지에서 일어날 때까지 오늘은 놀고 내일을 기다린다

가로등

군산 장재동 골목에는 키 큰 가로등이 있다 옛 경성고무공장 굴뚝이 숨 쉴 때마다 품어낸 연기로 외눈박이는 시력이 희미하다

메리야스 공장에서 단추 달다 재봉틀에 손가락 다친 봉순이도, 실밥 따는 순자 아지매도 야간 일하고 집에 갈 땐 손전등으로 길을 밝혔다

분노하면 두 눈 딱 감고 골목을 삼켜버리는 가로등이다 공장 담벼락을 무너뜨릴 것처럼, 휘파람 소리가 무섭게 휘도는 공포의 밤을 연출한다

그 골목길에 들어서면 습관처럼 손을 훔쳐 잡던 그이와의 사랑! 몰래, 뜨겁고 긴 키스를 훔쳐보던 가로등은 외눈박이가 되었다고 한다

느티나무 학당

소양천이 내다보이는 골목에
휘어진 가지가 서로
붙들고 사는 느티나무가 있다

입으로 한글을 쓰는 휘파람새와
무릎에서 소리 나는 두루미와
지팡이로 상처를 동여맨 새는
보청기를 끼고 온다
느티나무는 슬퍼도 울지 않는 새를 품고 산다

기억을 되새김질하며
청춘을 더듬거리다 연둣빛 크레파스로
초록빛이 짙어질 때까지
기억을 떠올려보는 부엉이와
이름을 부리로 까먹는 참새와
'비행기' 하면 '비양기'라고 소리 내는 까치가
목청껏 봄을 불러야 느티나무는 실눈 뜬다

세월의 무게에 눈물이 마른 새는
아픔이 연필을 쥐고 동행한다
텃밭 고랑을 재활병원처럼 드나들더니
할매 지팡이가 느닷없이 소리친다
"콩은요, 내 발걸음 소리 듣고 크는디요!"

출석부에 채록된 사춘기

여고 시절 교복은 늘 젖가슴을 압박했다 사춘기는 키와 몸무게가 교복에 맞추도록 호령했다 주눅이 들어 발뒤꿈치 들고 교무실 드나들었다 땅을 보고 걸었다 책가방엔 구겨진 사춘기 편지가 빽빽했다 꿈을 접고 울었다

수업료 때문에 내 이름은 출석부 맨 끝에 매달렸다 나의 사춘기는 길고 검은 출석부가 키웠다 아파서 결석할 때도 날 불렀다

출석부는 가끔 내 등허리를 때린다 발끝까지 내려온 길고 검은 옷을 입고 교실에 들어온다 사춘기의 가난을 대신 울어주는 출석부였다

출석부가 졸업가를 불렀고, 눈물 고인 교복 소맷자락엔 눈물 훔쳤던 흔적이 빳빳했다 어머니 금반지는 전당포 드나들던 찢어진 고무신을 기억했다

꽁지별을 찾다

꽁지별이 포물선 궤도를 그리며 어둠을 번뜩인다
그 발자국 따라 꼬부랑 할배가 삐뚤빼뚤 별 숲으로 숨는다
곧추설 힘을 부러뜨린 시간의 무게,
에누리 없는 하루를 차잠차잠 아그똥하게
사랑 한 됫박 짊어지고 별 숲으로 간다
내가 좋아했던 사람들은 별이 되었구나
하늘에서 보면 나도 반짝반짝 빛날지도 모른다

여시코빼기 친구

만경강 찰방다리 건너
삼례 후정리에 사는 친구 집에 가려면
여시코빼기 산언덕 바람을 끼고 간다

비비정각에 올라 만경철교 바라보며
국화꽃 찻잔에 띄운
추억을 마시고 있는데

눈치 빠른 친구가
내 마음 들락거리더니
똥골목에 사는 오빠를 부른다

갑자기
숨겨둔 그리움 하나
콩닥콩닥 뜨거워진다

파도의 문장

'노인과 바다'가 내다보이는 카페 테라짜는 쿠바 작은 어촌 코히마르에 있다 칵테일 모히토를 마시려고 나는 노인이 되었다 큰 물고기 가시처럼 삐걱거리는 뼈를 품고 파도가 해안에 부딪혀 발광할 때, 나는 소라처럼 귀를 열고 책을 읽었다

에너지는 빛을 통해 청각으로 진동한다 파장의 몸짓을 뇌가 먼저 알고 시련과 극복의 상처를 소리로 글을 들었다

파도는 제각각 언어들을 물고 소리로 문장을 만든다지, 나의 어둔 시력과 청력을 위하여 바다는 크게, 그리고 더 크게 엎드려 발버둥 쳤다 상어 이빨이 글자를 뜯어먹은 공간에 갈매기 똥이 마침표를 찍는 바다의 책

색의 파장

바다의 색은 노출이다 색은 객관세계에 존재하는 양심의 빛, 그 파장이다 색은 내가 만든다 보고 싶은 생각을 감정의 각도에 따라 색으로 푼다 좌절에서 벌떡 일어나는 꿈이 꺾일 때 색이 보인다

색은 불협화음의 바다를 시각화하기 위해 파도쳤다 대립하면 감정이 빛의 입자 속에 녹아들었다 갈등과 분노가 폭발하여 색을 빛으로 꺾었다 시퍼렇다 가파른 절벽에서 바라본 바다는 칼날처럼 무섭고 아찔했다 비수처럼 내려치는 포말은 산통을 겪을 때 내가 그랬었다 그렇게 울었다

폭풍은 가고 절제된 관능의 바다 젖몸살 앓던 육체를 몽환적 터치로 바다에 색을 넣었다 울렁거리는 뜨거운 물감으로 파도는 스스로 색채가 되었다 작열하는 태양의 팔에 안겨 밀착시키고 있었다 반짝거리는 빛은 무채색이어서 흩어지고 싶었을 것이다

생동하는 색은 순수한 쪽빛이다 쪽빛은 사랑을 녹여 설탕으

로 만들었다 형체를 보여주기 위해 부서지는 색이라는데 아슴아슴한 안개 같았다 슬픔이 유빙처럼 떠다닐 때의 빛은 아무도 모른다 울렁거리는 젖가슴에 색을 녹이는 사랑을, 위태로운 물감이 바다를 휘감을 것이라는 예감을, 그 울부짖는 색의 소리를

아, 저물녘 바다는 쉬엄쉬엄 붉어지는데, 바다도 파도를 타고 달려갈 줄 안다는데, 사랑은 빨갛게 타들어 가네

목포 사나이

목포에 가면 무자비한 파도가 산다, 가끔
큰북을 울려 나를 불러냈었다
하늘에 고하는 비통한 울림에
나는 육체적 고통을 흔들어서 사내의 혼을 더듬다가
사내의 그물에 생을 놓았었다
쨰마리 물고기는 술집 백열등 불빛에 찬란했다

술잔 넘치도록 〈목포의 눈물〉을 부르던 사내는
유달산 코숭이의 태양을 찢어서 작곡한
꼽재기만도 못한 소리를 만들곤 했다
세상을 삐딱하게 살아서
농게처럼 옆으로 걸었다
사랑을 고백하면 고개를 옆으로 흔드는 사내였다
가방은 늘 술병이 있어서
술이 혀끝을 둘둘 말았을 때
사랑을 구슬처럼 굴렸다
멀쩡하면 늠연했다, 왜죽왜죽 걸었다
소리주머니에 풋기운 사랑을 가득 마셨다가

헤어질 때 파도는 목이 메는 썰물처럼
고빗사위 노래를 불렀다

삐뚤어진 태풍 때문에
시끌벅적 자유를 들먹이다가
바지 주머니에 술병을 넣고 숨어버린 사내는
목포 어촌에 살았었다

외갓집 요강꽃

외갓집 요강꽃은 달밤에 핀다
놋쇠요강 뚜껑을 머리에 이고 핀다
외할머니와 이모꽃은 새소리를 내고
외삼촌은 총소리 같은 소리꽃을 피운다

눈 딱 감고 머리맡 향기에 젖어들면
달빛은 앞마당 감나무를 지나
사립문 밖 채송화 꽃무더기에서
탱자나무 울타리 쪽으로 물러난다

장독대에 쪼그리고 앉아
봉선화꽃 덫에 걸려 파닥이는
별빛으로 손톱을 칭칭 감고
붉게 물든 손으로 구름을 뜯어먹는다
이슥고 타오르는 성냥개비 불장난은 그 꿈속
내가 잠든 이불에 요강꽃을 피운다

시간이 절벽 같다

하루가 시간의 절벽에 위태롭게 서 있다
꿈은 안개 속 동자꽃처럼 희미하고
몸은 황량한 벌판에 핀
제 몸 찌르고 사는 엉겅퀴꽃 가시 같다

절벽은 바람의 시간이 지나간 무늬일까
절벽은 파도 냄새를 싣고 다니는 바람의 흔적일까
가끔
하늘에서 뛰어내린 바람의 비명과
유서처럼 써 내려간 절규가 들린다
칼날 같은 시련이 위에서 아래로 내려와
녹아든 참회의 눈물을 만든다

시간이 절벽 같은 날

외로움은 절벽을 달래주기 위해
어둡고 괴롭고 아름다운 소리를 낸다

밀물과 썰물

그는 나가고 나는 들어왔다 그와 나는 하루 한두 번쯤 자리 바꿈을 한다 그는 공격적이고 위협적인 바다의 주둥이를 가진 포식자다 몸을 번쩍이며 심해로 들어가면 보이지 않는다 시력이 뛰어나고 다리엔 빨판이 있고 나를 땅에서 끌어들여 연체동물처럼 마음대로 포옹한다

구름은 바다를 밟고 물은 구름에 돌려준다 파도의 언어를 듣지 않고 어떻게 바다를 볼 수 있을까 바다가 구름 몰래 가슴 열고 고백하는 것은 거짓 사랑이다 그이와 나는 제각각 소리를 갖고 있다

가령, 해를 등에 업고 수평선에 숨어버릴 때, 그 헐떡거리는 숨소리가 현란하게 발산했다면, 빛은 나의 뇌를 압축시킨 공포였다 말을 알아듣지 못해 사랑을 읽을 수 없는 숙명이었다 눈물은 사랑을 말하기 위해 파도가 되었을 거다 파도는 왔다 가고 또 올 것이라는 생(生)의 윤리를 알았을 때는 늦었다

파도가 옷장에서 하얀 순결을 꺼낼 때, 나는 재래시장에서

오징어 두 마리씩 묶어 팔았다 입맛 달아난 혓바닥에 쩍쩍 달라붙는 몸값을 목청껏 불렀다 바다 냄새를 내뱉고 있었다 그의 뒷모습은 바다의 똥 냄새가 묻어 있었다

보름달은 두 눈 부릅뜨고 물을 빨아들였다 내뱉는다 바다의 울음소리가 마루 끝에서 소용돌이쳤다 파도는 달빛을 먹고 늘 울었다 하얗게 부서졌다 시간을 다듬고, 세월을 매만지고, 과거로 타임 슬립(Time Slip)해 본 바다였다

바다의 뒷모습

어부는 질펀하게 우울증을 앓는다 서해의 쓸쓸한 심포항, 생 발톱 통증에 부대끼는 어부의 외딴집에서는 사철 따가운 모래바람을 만든다 바람은 진봉반도 끄트머리까지 훑고 다니고, 갯벌에선 삭은 조개껍데기가 바다가 버린 똥을 한 입씩 물어뜯고 있다

머릿수건 둘러쓴 아낙이 비릿한 시간에 빠진 발을 빼내면서 붉은 함초를 심는다 짜디짠 바다에 절인 삶, 언젠가는 파도가 깨지고 뭉쳐져서 중생대의 화석처럼 굳어지리라 영혼의 지문처럼

허릿골 빠진 횟집 간판이 삐그덕거린다 한숨 응어리를 토하는 소리다 바다의 무늬 같은 시퍼런 파도는 슬픈 향수(鄕愁)다 다리를 절룩거리며 지구의 균형을 붙잡고 사는 어부, 그래도 어부는 몸의 무게를 내젓는 바다의 등에 생의 중심을 올려놓고 살 것이다

바다의 꿈

첫날밤 다홍치마는 해당화를 피웠고 해당화는 쪽빛 바다를 품었다

바다는 시간을 과거와 현재로 조각내는 파도를 만든다 파도는 기억의 파편이다 잡아당기는 힘이 있어 파도를 업고 시간은 공간을 침범한다 내 몸에 젖어 산다

파도는 물결 자국, 찡그리면 풍랑은 하늘로 삿대질하며 천둥 번개 친다 중생대 백악기부터 움푹 파인 퇴적암, 그것은 파도가 사족보행 했을 때의 발자국이다 나의 영혼을 바다에 뿌린다면 이족보행 해당화로 물들지도 몰라

고단한 삶을 의식하면 과거는 지금까지 머물러 있고, 힘든 노동은 현재를 파괴하고 사랑은 결심을 한다

첫날밤, 파도는 귀가 밝아 다 알아들었겠지 물방울 다이아몬드를 코코 샤넬처럼 디자인하기 위해, 일억만 년 돌을 쓰다듬었을 것이다 첫날밤 꿈은 용오름처럼 솟았다

용머리고개 대장간

완산칠봉 산 그림자를 따라
효자동으로 가는 언덕배기 길목에는
디딜풀무 소리가 허공에서 들리는 대장간이 있다
땀방울 품고 사는 무쇠팔뚝 할배가 산다

곡괭이 호맹이 장도리 집게 대갈마치
벌겋게 달군 쇠를 익히더니
청춘의 사랑도 불간 속에 넣어서
담금질하고 망치 소리 메질 소리
슴베를 들이고서 다시 날을 괸다

시우쇠는 생의 무게로 깜을 잡고
마치질 한 번에 메질 한 번
당겼다가 밀었다 풀무질하고
바람도 뜨거워 땀방울이 송글송글
할배의 사랑도 뜨겁게 달구며 살았다 한다

뚝딱뚝딱 뚝딱뚝딱 뚜욱딱딱 오매불망

불 꺼진 용머리 대장간에는 쓸쓸한
망치 소리가 저물녘에도 들린다

뻥이요, 튀밥

전주천 물소리가 들리는 남부시장
옹기전 들어가는 입구에는
천둥소리처럼 큰 소리를 지르고
근육이 툭 불거진 튀밥 튀기는 사내가 살았었다

뻥이요~
소리치면 손바닥으로 대포 소리를 막았다
눈감으면 소리는 지붕 위로
아슬아슬하게 날아갔다
콩나물국밥도 삐쭉삐쭉 놀란 시장통 골목에서
소리를 버무려 맛을 낸다
대문짝만 한 도마에서 대파가 쫑쫑 파릇파릇
높고 낮음이 붐비는 소리 시장이었다

수백 배 부풀려 나오는 튀밥이 먹고 싶었다
바닥에 흩어진 튀밥을 엎드려 주워서 먹는
맛, 고소했었다 뻥 소리는
동전 몇 개를 넣으면

문패 달린 기와집과 초록 지폐가
마법에 걸려 독수리같이 비상했었다
아버지가 튀밥 장사를 했으면 했다

사춘기를 튀겨 시인이 되는 꿈은
뻥튀기 기계 속 쌀과 사카린이 유혹했었다
성적표 들이대면 밑바닥 성적이 후울쩍
기린봉 꼭대기로 솟을 것 같았다
아직, 나는 그 꿈을 지니고 산다

우울할 때 삼례시장에 가다

우울할 때 삼례시장에 가 보아라 철망 사이로 닭의 눈빛을 볼 것이다 절망의 시선들에서 존재감이 방황할 터, 퇴깽이도 그렇고 강아지들이 한 뼘 공간에서 나의 자유를 냄새 맡고 끙끙댈 것이다

생의 절벽에서 위태로울 때 장터에 가 보아라 호리낭창한 키 큰 사내가 툭 치고 지나가도 째려보는 이 없어 좋다 채소와 생선 냄새를 섞어놓은 시장 속으로 들어가면 달콤한 강정을 공짜로 맛본다

왼쪽으로 꼬부라지면 호맹이 쇠스랑 괭이가 손님을 기다리는 철물점이 있다 고무다라이에 비찌락이 거꾸로 꽂혀 있어 봄꽃 같다 사람 안에 사람이 사는 사람대접 받는 시장이다

어슬렁어슬렁 걸어서 큰길을 건너면 차들이 알아서 비껴간다 차보다 사람이 먼저 지나가는 장터, 찌그러진 창문이 간판을 이고 있는 순대국밥집이 있다 인심이 넘치도록 퍼준다 양은 주전자 뚜껑이 날 눈치채고 들썩거리는 오후였다

우울할 때 삼례시장에 가 볼 일이다

기생초

가녀린 꽃이라서 기생초라 부른다

다홍색 해당화가 목숨을 걸고
유혹할 때 봄이 오고
그 꽃그늘에서 빼꼼히 눈치 보며
진짜 목숨 걸고 연애를 하자며
기생초가 꽃 피우면
허리 흔들고 여름이 온다

함부로 밟고 지나가면
천둥 번개 치는 폭우가 내린다

제5부

수도원에 두고 온 가방

양팔저울

한쪽 접시에 눈물 일흔네댓 방울 올려놓고, 눈금 맞추려 또 한쪽에 보자기에 싼 잔별 일만 팔천 개를 올렸습니다 바늘은 끄떡 않습니다

월명공원 갯바람 열댓 필을 올려도 그대로입니다

돼지감자 꽃잎에 밤새 내린 이슬이 반짝, 처량해 그 빛 몇 방울 저울에 올렸습니다 이제야 양팔이 수평입니다

풍금 소리가 나던 파도

풍금 소리를 더 멀리 내보내기 위해 부서지도록 건반을 눌렀다 건너뛰다가 이어지던 파도 소리 아직 유효하다 기억 속 남자는 파도처럼 울었다

선착장 장돌뱅이처럼 울대 찢는 소리였다가 소리 없이 흐느끼는 피에로의 삼켰다 토하는 속울음이었다가

잿빛 하늘이 수평선을 지운 날, 갯바람에 갈매기도 날아가 버린 날 남자는 바위를 때리며 포말로 부서졌다 한 번도 들어본 적 없는 저음이었다

흐린 하늘에서 금낭화 한 송이 툭, 검은 바다 위로 떨어졌다 건반을 눌렀다 파도는 우주에서 가장 큰 풍금 소리로 내 발목을 잡았다

이별처럼 슬픈 풍금 소리를 내는 바다가 있었다

괴나리봇짐

하늘재 꽃산딸나무 보러 봇짐 싼다 쌈지에 노자도 몇 푼 챙기고 잊지 않고 시집 두어 권 챙겨 넣는다

휘몰이 풍상에 눈 어두워 십자가꽃나무 못자국은 손끝으로나 보는, 따끔따끔 양심까지 꾸렸더니 걸멘 봇짐이 무겁기만 하다

홀아비바람꽃에 니나노가락 장단을 맞추려는데, 채 문경새재 못 미쳐서 멜빵끈이 끊어진다

봇짐에 등은 이미 휘었을 터, 떡갈나무 아래 그늘을 깔고 찬찬히 곱씹는다 가벼워야 멀리 간다는 괴나리봇짐

우체통

산다는 것이
흔들다리처럼 어지러워
빛바랜 사진 한 장 들고
바람만바람만
덕진공원 연꽃 보러 나왔다

빨간 우체통이 내 맘만 같아
활짝 핀 연꽃잎에
멀고 먼 한 자락 기억을 가만 꺼내 본다

그립다 보고 싶다, 귀퉁이마저
빨갛게 채운다
하트까지 그려 넣고 잠깐,
먼 하늘 우러른다

고추잠자리 날아와
하늘나라 우편번호 바뀌었다고
귀띔하고 간다

삼례역

두고 온 것에 대한 그리움으로
꿈길 분주했다
무디어진 것에 대한 안타까움으로
가을 햇살 따가웠다

여고 동창생들 몇
삼례역 기찻길에 코스모스 보러 갔다

한낮 태양은 유리 조각 같아서
꽃보다 먼저 우리를 찔러댔다
추억보다 먼저 눈이 아팠다

커피 향 가득한 역전 카페
어른거리는 메뉴판 밀어 보고 당겨 보던 친구
에이 안 보여, 버럭 화를 낸다
연신 눈을 부비는 늙은 소녀들의 목청이
옛 삼례역 기차 화통 같다

겨울 연(蓮)

칼바람에 꺾인 고요
부러진 영혼에도 숨이 숨어 있다
햇볕 한 줌 품고 있다

시절의 절망을 초록으로 틔울
마른 잎맥을 보라,
사라진 뒤란의 수런거림
들리는 듯만 하다

폭설조차 이겨내는 강인함은
내년 봄의 새 인연을 위한 약속일 터

꽃을 위하여
찬란하게 반짝일 이슬방울을 위하여
말라비틀어진 꽃대는
앙금도 품어 꽃피울 태세다

꺾인 겨울 연

꽃심의 땅 전주에 오래 살아남으려
덕진연못 칼바람
오래 버틴다

그 집에 가고 싶다

백일홍 상사화가
동틀 녘 꽃봉오리 풀던 집
장독 뚜껑 열어놓은 채
토막잠 든 어머니의 치맛자락
정지문이 잡아당기는 집
하모니카 소리가 담장 너머로
불러내던 집

사금파리로 소꿉놀이하던 집
여름방학 평상에 누워
북두칠성으로 사발 가득 수제비 퍼 담던
꼼지락꼼지락 이불 속에서 읽던
삼류 연애 소설책이 있던 집
장화홍련전 듣던 동생의 눈동자가
동그랗던 집

멍석 위에 토란대 말리는 집
도리깨질한 참깨를 까불어 채로 치는 집

긴 한숨 내쉬던 아버지 굽은 등허리에
가을이 깊어 가는 집

색동인형 만들며 죽도록 살고 싶은 집

꽃버선

어머니의 슬픈 꿈이었을까,
외갓집 낮은 담장 아래 봉선화 비밀 같은
붉어지는 이유를 품고 살아, 나는
꽃버선 신고 도라지 춤을 추어야 했다

눈부신 날개의 춤 살포시 발 들어
다홍색 치마 걷어 올리면
노랑 저고리 소매 끝으로 어머니는
청춘을 지폈다

꽃버선 신고
단발머리 딸이 나비처럼 사방을 휘돌면
어머니는
긴 한숨을 문풍지가 흔들리도록 내쉬곤 했다
억눌렸던 한이
실오라기처럼 풀어진다고 했다

손수건

네잎클로버 수놓아진
하얀 손수건은 항상
어머니 속치마 봉창 속에 숨어 살았다

큼직한 손수건은
눈치코치 빠르고 냄새도 잘 맡았다
어쩌다 잔칫집에 가면
살금살금 깨금발 외출을 했다

밥상 아래 펼쳐놓고
무지개떡, 고기전, 유과 정과 눈치 볼 것 없이
제집인 양 수북하게 싸 담았다

육촌 언니 혼례식에 간 어머니의
발자국 소리보다
더 기다려지던 행운의 그 하얀 손수건

수도원에 두고 온 가방

통증보다 먼저 일어나는 새벽
나는 수도원으로 달려갔다
달려가
용서를 청할 이름 빼곡히 적힌 손가방
수도원 대문 앞에 놓고 왔다

아직 미명이었기 때문일까
내 기도는 자주 정처가 없었다

소나무 사이로 부서지는 햇살이
심장 모서리를 찔렀다
찔끔거리며 돌아오던 사순절이었다
목련 꽃봉오리가 아프게 풀리고 있었다
환하게 피어나기 위해선
죄 감내해야 한다는 듯

용서를 청할 빼곡히 적힌 이름이 든 가방
수녀원 대문간에 두고 왔다

용서할 내 마음을 먼저 두고 왔어야만 했다
통증은 오래 가시지 않았다

나무와 나무 사이

그림자 서로 밟지 않을 만큼
소슬바람에 숨소리 전해질 만큼
어쩌다 눈빛만 보아도 뜨거움 느낄 만큼
눈가의 물빛만 보아도
가슴 찡하게 울려올 만큼
손잡지 않아도 서로 온기를 느끼는
사이

부둥켜안지 않아도 언제나 느끼는
내 마음 항상 당신 뜻대로 바꿀 수 있는
눈으로 보고 마음에 담는, 그 간격
나무와 나무 사이

반백년

시들지 않았으니 꽃이라 불러주오
아직 불타는 사랑 기억하고 있으니
예쁘다 말해주오

내가 아픔 견디지 못할 때
불끈 힘 솟던 따뜻한 가슴 기억합니다

당신, 절망의 늪에서 허우적거리니
한 뼘 허리끈이 아프게 파고듭니다

먹구름처럼 미움이 덮쳐올 때
후회의 실꾸리 반백년 되감고 싶을 때
당신을 떠올립니다

반백년 피워온 사랑, 마주 보지 않아도
서로 환합니다

무창포 해당화

핸드 드립 커피 향처럼 진한
해당화 꽃잎을 본다

손가락셈으로 반백년 거슬러, 5월
바닷길 열리는 신비한 무창포에서 남자는
30촉 불빛 아래 엎드려
각서를 썼다 달빛이 실눈으로 훔쳐보다가
문고리를 잠그고 숨어버린
그날,
사랑한다, 사랑한다 천만 번 쓰고
여관방 아랫목을 덥혔던
그 맹세 굳게 믿었다
다홍치마 초록저고리 신방 차리자는 말
앞마당에 핀 해당화가 증인이었다

파도 발자국에 낀 갯바위
반백년 모진 바닷바람을 품고 살았겠다
여관 간판은 보이지 않고

무창포 해당화만 나를 기억하는 듯
곱게 피어 있다

늦바람

달력에 색연필로 그린 동그라미
남편은 병원 가는 날이냐 묻고
아들은 무슨 모임이 있느냐 묻습니다
결혼기념일이라고 내 입으로 말하고 싶지 않아서
♡를
짙게 더 크고 빨갛게 그렸습니다

종소리를 더 멀리 내보내기 위하여
종은 더 아파야 한다,는 이문재의 「농담」을 읽다가
내가 종이 되어 아프게 울다가
그만,
톡톡 터지는 석류 알에 키스를 합니다

귓불에 더운 바람 불어주는 유혹에
옛 생각 길어 올리는 긴긴 밤
추워서 고뿔 든다고 달이 털목도리 목에 감고
주섬주섬 내 품에 안기는 겁니다
목울대 꿈틀거리며 첫날밤처럼

외겹 이불 속을 훈훈하게 덥힙니다

머리말 빈 베개 위에 놓인 시집이
진하게
꼬드긴 황홀입니다

빛의 부스러기들

햇살이 아프게 눈을 찌른다 들숨 날숨 절벽 아래는 개망초가 기침 소리로 번지고 있다

절박한 건 삶을 포기하고 싶은 유혹이다 가시밭을 지나는 구름 치마가 찢어진다 영혼이 짓이겨지는 순간, 현기증이 머릿속에서 시간을 돌리고 있다, 살아야 할까?

빛의 부스러기에 찔려 흔들리는 시야에 오래 눈을 준다 질끈 눈 감는다 파도는 언어를 낚시하는 악기다 그 부스러기들,

절뚝거리는 남자의 목소리는 바람이 업고 가고 있다, 사랑한다는 말 참 어려웠다 당신은 울먹였고 나는 울음을 참고 있다

유리창에 부서지는 빛, 부스러진 것들은 어디에서 죽을까?

날 보러 오려거든

여보게 친구
전주에 날 보러 오려거든
교동 한옥마을 골목에 먼저 가
그 돌담 전봇대 아래
제비꽃에 입맞춤해주고 오게나
옛 추억 한 지게 빽적지근하게
짊어지고 오게나
짝다리 짚던
여드름쟁이 그 남학생은
어디서 어떻게 살고 있는지 아직
살아는 있는지
물음 한번 떠보고 오게나
전주천 달빛에 어룽거리는
시절 되찾아 오시게나 꼭
그렇게만 오시게나

무량사 꽃살문

잠이 오지 않는 날
나름대로 침대 위가 훈훈한 밤에는
대웅전 꽃살문 스치는 바람 소리를 냅니다, 라는
공광규의 「무량사 한 채」를 읽었던가,

만수산 무량사 보러 갔다
보약보다 효과가 있을 것이라는 기대와
무딘 감정 되살리려 나섰다
어지럼증 조심하라는 말도 들리지 않는 날
귀 크게 열고 곱게 늙은 절을 밟았다
우화궁을 지날 무렵 산새 소리에
바람 스치는 소리 끊겼다, 또 들렸다

가만,
까마득해서,
침대 위 훈훈한 바람 소리를 잊고 살아서
길 나섰던 꽃살문 여행

주인을 기다리는 방

코 고는 소리가 편백 침대를 흔들어 피톤치드 가득한 방, 한겨울 바람 소리가 반야심경 외우고 가는 방

새색시 적 자개농이 병풍처럼 북풍을 막아주고, 화장대 옆구리엔 찌그러진 반짇고리에서 풀린 무명실이 눈치를 보는 방

보름달이 뜨는 밤엔 천주천 물고기가 떼로 뛰쳐나와 파닥거리는 방, 건지산 백로가 유유자적 한가로운 방

아닌 봄날 목련화 피워놓고 주인을 기다리는 방

침묵으로 오시는 성모 마리아

성모 마리아는
인력시장 담장 아래 납작 엎드린
키 작은 민들레다
풀죽은 어깨들
시름 날려 보내는 담배 연기다
반 지워진 이력서 같은 지문이다

성모 마리아는
얼음 위에 피는 꽃이다
감기처럼 내게 온 손님이다
의지가지없는 노부부
밤마다 눈물 적시는 베갯잇이다
링거 줄에 목숨 매달고 사는
담벼락 마지막 잎새 같은 휠체어다

성모 마리아는
지붕 낮은 집 닫힌 대문이다
소리 없이 날아와 퍼지는

민들레 홀씨다
내가 잘못을 통회할 때, 빙그레
성모 마리아는 침묵이다

눈물도 호강

마땅히 갈 디도 없고
호맹이로 가슴팍 파 재끼듯
상추밭이나 쪼다가
동구 밖에 나서는 할매

못 견디게 괴로워도 울지 못하고,
눈물도 호강이제
큼큼 목청 가다듬더니
한 곡조 뽑는다

한숨 돌린 유모차가 흥얼흥얼
할매를 끌고 간다

딱히 갈 디도 없으면서

제6부

쉬엄쉬엄

내 안의 나

내 안 어딘가에
없는 듯 숨어 있던 내가
고개를 쳐든다

분노
미움
슬픔
증오
좌절

분명 내 것이나 내 것이 아닌*
내 안의 내가
빰을 꼬집는다

---

*고영 시인의 시, 「원고지의 힘」에서 변용.

먼지처럼

있으나 보이지 않는

없는 듯 떠 있고 싶었다

숨죽여
창틈으로 비치는 빛줄기에나
비춰보고 싶었다

보이지 않으나
어디든 떠 있는

한없이 가볍고 싶었다

눈만 흘겨도 사라질 먼지처럼
날아가고 싶었다

미역국

진도 맹골죽도 갯바위 돌미역은 낫 자국이 있다 미역귀에서는 거친 파도 소리가 난다

따개비처럼 바위에 붙어살았다 파도인 양 바람인 양 평생 갯바위와 한 몸이었다

물고기처럼 바닷물에 젖어 있는 김서운 할매네 돌담 아래 세워둔 김발, 핏빛 노을이 물들고 있다

맹골죽도 사람들 날마다 미역국을 끓이는 건, 살아남은 그날 그날이 생일이기 때문이다

누름돌

햇살 좋은 베란다에 내 나이쯤, 돌확이 있다 철들기 전부터 어머니는 보리쌀이며 고추 가는 일을 시켰다

나이 든 나처럼 허전할 것 같아 누름돌 두 개를 얹어놓았었다 완도 바람 품은 돌과 여차 몽돌해변의 파도 무늬 돌

둥둥 떠가는 풍선 같은 마음 잡아놓던 누름돌, 마늘장아찌를 눌러뒀다 장아찌에 마침맞게 맛이 들었다

맛깔 나는 짠맛이 온몸에 스며든 장아찌, 너를 향한 내 그리움 같은 파도와 갈매기 소리 욱여넣었을 터다

신발

흐릿흐릿 흔들리며 노인이 간다
신발이 끌고 간다

어물전 휘돌던 생각
고개 끄덕 눈인사로 발길 옮긴다
형제 생선은 동생만 우두커니,
간 갈치 좌판 기침 소리 흔적 없다
어물전 가로질러
아슬아슬 포개놓은 옹기장사 빈자리에
초봄 햇볕이 졸고 있다

순댓국에 왕대포 한잔
전주천 바람을 두르고 휘청거리던 걸음
신발은 기억한다

완산칠봉 매화꽃 필 무렵
이름뿐인 쇠전다리 건너 남부시장 가는
노인보다 낡은 신발이 있다

쉬엄쉬엄

한낮 마당에
없던 그림자가 얼씬거린다
해고당했다는 말 없었지만
뜨끔하다

일없이 신문을 뒤적거리다가
"일자리 해결"
"코로나 쉼쉼 경영"
쉼쉼 백신 처방에
밑줄 긋는다

4일 근무에 3일 쉰다는
3일 일하고 4일 논다는 말 안심이다
코로나 쉼쉼,
월화수목 뼈 빠지고 금토일 또 쌔 빠진
네겐 특별휴가 아니겠냐

네 그림자의 양어깨가 수평을 잃었구나

그래 쉽쉽 아니
쉬엄쉬엄,

용서

더듬더듬 귀가 열린다
슬프디슬픈 강물 소리가
바람에 실려 온다
내 안의 나를 깨운다

나무가 시간의 형상인 것처럼
나이테 속 나를 이제야 알겠다

삿대질로 찔러대던 사람,
예리한 칼날이 되어
피 터지게 싸우던 사람,
썼다가 지우기를 하룻밤 골백번
잠 설쳤다는 말 달고 산다

그날의 몸짓이 들린다
그날의 말짓이 보인다
이제야 겨우
용서라는 암호 해독할 수 있겠다

주르르 손가락 사이로 새나가는 모래알
한 줌 쥐어본다

양은냄비

찌그러진 것은 나이테다 부글부글 밥을 끓이며 보글보글 찌개를 끓이며 그렇게 나이를 먹었다

하루에도 세 번씩 달아올랐다 탄내 나는 밥보다 속이 더 새까맣던 시절, 세상은 언제나 설익었다

찬장 아래 쥐구멍에 기어들고만 싶었다 연중행사로나 끓이던 삼계탕 속 닭인 듯, 멀쩡한 날개로 날지 못했다

뚜껑부터 들썩거리던 일용할 밥이 되고 국이 되던 찌그러진 양은냄비, 반백년 버리지 못했다 눌어붙은 이력 지워지지 않았다

양은냄비처럼 찌그러져 쉬 끓고 금세 식던 시절이 있었다 엿이나 바꿔 먹을 걸, 쓸데없이 귀는 밝고 눈 어둔 시절이었다

의자

반생이 스몄다

숙일 줄 모르는 주인 닮아 목뼈 빳빳하다

내비게이션처럼 나를 이끌던

은밀한 엉덩이를 내 반려보다 더 기억하는

빈센트 반 고흐 〈고갱의 의자〉 결 고운 곡선 같은

내가 길들인

내게 길들어진

낡은 나를 길들이는 늙은 의자

월남치마

유기그릇 광주리 머리에 이고
새벽 사립문 나선 울 엄마
가로등이 켜졌는데 감감무소식이네

또가리 입에 물고 고샅길 어귀에서
날 부르지 않네 고요하네

개에게 치맛자락 물어뜯겼다는
청기와집에 갔을까
고래 힘줄 같은 외상값 받으러 갔다가
고추 꽁다리 따고 있을까

등에 업힌 막냇동생 칭얼거리네
암만 영어 단어를 외워도
영 외워지지 않네

연탄불은 꺼져가고 쌀독은 비었네
찔끔찔끔 눈물처럼 내린 비에

전주천 넘치겠네

골목 끝 막다른 집,
월남치마 입은 울 엄마 발걸음 소리가
꿈결에 아득하네

안심

이파리가 날린다
꼭 관리소장의 지청구만 같아
오금이 저리다

잔소리처럼
느티나무가 저를 털어낸다
주차장으로 자동차 위로
멀리 관리사무실까지

한나절 쓸고 쓸어도
온통 낙엽이다
떨어져 뒹구는 낙엽처럼 행여
내 목도 떨어질까,

쓸어내는 일 각다분해질 때면
재계약이 코앞인 경비원 김 씨
외려 안심한다

느티나무도
내년 봄 새잎 돋으려 저렇게
털어내는 거다

붉다

흰뺨검둥오리 한 마리
부러진 세월 같은
연대 사이를 간다
접은 날개에 욱여넣은
외로움이 붉다

피 울음 울던 영혼인 듯
한 시절 당당했던
꽃대에 얹힌 노을도
붉다

내 마음속 마른 잎맥의
고요를 꺾는다
노을이 번지는 덕진연못
연화교도 핏빛이다

나도 따라 붉다

집

전주천변 서커스단 나팔 소리가
하얗게 거짓말을 시킨 집

탱자나무 울타리 돌아 빨갛게
앵두가 익어가던
키 큰 전봇대가
꼭꼭 숨은 동생을 잘도 찾아주던 집

하늘보다 미원 탑이 높고
병태와 영자의 백도극장이
빼꼼 보이던 집
아이스께끼 집 옆을 돌아 곧장 가면
태극당 단팥빵이 달콤하던 집

완산동 매곡교가 보이는 골목
내가 시작된
집

바다와 파도

엎드려 산다
흰 거품 목에 감고 장바닥을 긴다

어머니는 아들의 바다,
바닥에 엎드린 두 눈이 일렁인다
오체투지는 제 몸의 비린내를 맡는 것

스티로폼 좌판 위 꽃게 열댓 마리
온몸으로 민다
문고리에 밥숟갈 걸어놓고 온
어머니께 간다

꿈틀거리는 꽃게의
다리 잘린 상처가 어둠으로 깔린다
파도는 두고 온 바다를 생각한다

사는 일 역파도의 소용돌이일지라도
잡은 손 놓치지 않으려

오늘도 어시장을 기고 또 긴다

손때 절은 하모니카는 끼룩끼룩
구슬픈 항구를 노래한다
제 상처 아물 때까지

파도가 바다를 떠날 수 없듯
바다가 파도를 버릴 수 없듯
어머니와 아들
그렇게 산다고 한다

관계

절벽처럼 위태롭다

내가 오래된 옹기를 깨뜨렸을 때
"괜찮아"는 위선이었나?
그녀가 말이 없다

내 실수를 벼리려는
담금질일까,
가장 가까이서 침묵하는 소리는
비와 빗줄기다

함부로 뱉어버린 껌처럼
뒷일은 위태롭다
못 뺀 자국이
구멍이라는 걸 알았을 때는 이미
잠긴 자물통이다

찔레꽃과 이슬방울 같은 것

나와 그녀는

오래된 옹기와 깨진 옹기 사이다

돌아오기 위해 떠난다는

소리가 소리를 삼킨다
삼킨 슬픔이 너울성 파도를 만든다

당신, 돌아오기 위해 떠난다는
진짜 거짓말이다

오늘은 떠나고
내일은 다시 돌아오겠다는 약속은
파도처럼 밀려갔다 밀려올까,

관성으로 숨을 쉰다
돌아오기 위해 떠난다는 이별을 배웅한다

사랑하기에 헤어진다는
진짜 거짓말 믿지 않기로 한다
파도라 우기는 당신은
너울이다

전동성당

돌계단이 무릎을 꿇는
가슴 활짝 열어주는 전동성당에 가면
손잡아 주는 문이 있다

가쁜 숨 몰아쉬며 묵상하러 간다 영혼의 밑바닥에 숨겨둔 마음 끌고 간다

하루가 마지막이듯 쓸쓸한 바람이 휘감는다 돌기둥 아래 엎드린다 들리지 않던 소리, 읽을 수 없던 기도문, 소리 낼 수 없는 참회가 들린다

비로소 비가 내린다
비로소 문이 열린다

내 영혼의 돌계단 가장 깊은 곳, 나를 부수며 참회하는 곳
그 사랑을 알게 하소서
그 사랑을 믿게 하소서

무궁화꽃이 피었습니다

동학 농민의 땅 삼례에 간다
칠월 뙤약볕 머리에 이고 달린다
도로 양쪽에 무궁화꽃이
활짝,

일본제품 불매운동
경제보복 규탄하러 애국가 불렀다
화려강산 나라꽃이
마음속에 피어났다

"삼천리강산에 우리나라 꽃"
팔짝팔짝 고무줄에도 피었고
"무궁화꽃이 피었습니다"
술래에게 귀띔해 주던 전봇대에도
피었었다

빛바랜 태극기 펄럭이며
독립군가로, 사발통문 이름 석 자로

죽창 들고 섰었다

삼례 장터 골목에도
무궁무궁 무궁화꽃은 영원히 피고
피어서 지지 않고 있었다

반품 사절

내 안의 내가 폭발한다

성경 속 갈등 꾹꾹 눌러 열두어 가마
피 끓는 공적 예닐곱 권
가슴에 박힌 상처가 너무 많아
주엽나무처럼 가시를 품고 산다

소리 없이 박힌 못
밤새도록 뽑아내고 나니 피눈물이 두 됫박
후들후들 들숨 날숨 가빠진다

왼뺨과 오른뺨을 채반에 올려놓고 바짝 말린다
가시가 돋는다

가시는 뾰족해지고
용서는 작아진다

갈기갈기 바람을 찢는 내게

폭발한 내 안의 내게
밑줄 그어놓은 말씀 한 구절 담아 보낸다
옆구리 통증도 끼워 보낸다

삐걱

아귀가 맞지 않는다
반백년 된
당신과 내가 삐걱거린다
맞대고 있는 경첩부터
귀퉁이가 무너진다

광목 버선 두어 죽과
누렇게 바랜 모시 적삼
큰아이의 배냇저고리도 넣어둔
장롱

붙어 있되 떨어져야 하건만
떨어졌으나 한 몸이어야 하건만
아귀가 맞지 않는다
이정표 없는 먼 길에 풀풀
흙먼지 날린다

너무 오래되었나,

맞지 않는 게 아귀만이 아니다
무르팍도 삐걱댄 지 오래다

개명(改名)

나의 고독을 퇴치할 작명소를 찾았다 운수대통 이름은 소리의 파동과 사주 분석을 통한 자원 오행 작명법, 작명의 대가 찾기로 했다 개명을 하면 운명에 좋은 영향 끼친다기에, 허약한 욕심으로 인생 역전으로 가는 운수대통 길 찾았다

브레이크 밀리지 않고, 미래의 운명에 사고를 치지 않는, 소리 지르면 전화도 걸어주는 비서가 동승하고, 내 갈 길 지도는 화살표가 달리고, 등받이가 시원 따뜻해서 오래도록 달리고 싶은 차, 바깥 풍경이 차 안에서 신선한 공기로 포옹하는 이름으로 바꿨다

늙음이 밝고 적극적으로 한 발짝 자신감 생기는 이름, 차창 밖 풍경이 뒤로 사라지며 구름을 이고 달리는 차, 청춘이 쏟아지는 위풍당당, 도깨비 같은 마술사가 있어 생각을 탐색하고 아스팔트에 압축된 시간을 깔고 다니는 역마살 팔자인 이름으로 등록했다

좋은 이름이 명품이다

도보다리의 증인

박새, 직박구리, 멧비둘기, 붉은머리오목눈이 판문점 도보다리 숲속 나뭇가지에 앉았다

자주통일의 문 활짝 열렸노라, 솔새가 녹음하고

오색딱따구리와 섬휘파람새는 군사분계선 끊어진 하늘길에 꾹꾹 발자국을 찍었다

방울새는 짹짹거리고 청딱따구리는 끼끼끼끼

다리는 두 세상을 잇는 것, 한 발 한 발 걸어가는 것, 되지빠귀와 알락할미새와 꿩 꿩 우는 꿩이 증인이었다

땅에서 하늘에서 오늘도 그날의 밀담을 날리고 있다

점(點)

살아온 시간이 점(點)이 되었다

살아서 고통을 이겨내기 위해
몸이 진화된 것

점은 위치만 존재하고 길이도 면적도 없어
고백하건대 원고지 위에 그릴 수 없는 가상적 사람이다
점이라고 볼펜으로 찍는 순간
점이 아닌 면이 된다

내가 그렇게 살았었다

선(線)은 두 점을 연결한 것
점의 집합이다, 생과 사를 넘나든다
생의 갈증 보상받고 싶을 때
무릎 꿇고 엎드려 살았다

선은 점이 이동한 궤적을 가리키며

폭과 부피는 없고 길이와 위치만 있어
내가 서쪽으로 양팔 휘저을 때
태양의 흔적은 고사목으로 길게 눕는다
살아있는 사람처럼 움직이는
마법 같은 현실을 소통하고 싶다

옷장 속의 전설

여름 장마에 오래된 옷 정리했더니 옷장에서 울음소리 난다 바깥세상 구경 가자고 외출한 적 없는 멋진 새 양복이 크게 훌쩍거린다 포장 그대로 답답해서 가슴 젖히며 눈물 닦고 있다

몇 년을 꼼짝달싹하지 않은 양복, 아들이 젊은 아버지 그때가 그리워 사준 양복이 오래되어 어깨에 먼지 쌓였다 얌전히 캄캄한 공간에서 주인을 불렀을 양복은 어깨 자국이 불룩 불거졌다 몸에 걸치고 뽐내고 싶었다는 소리가 옷소매 끝에서 들렸다

바지 주름이 곧 돌아올 추석을 기억하고 활개 치고 싶다는 시늉을 한다 시곗바늘 지나간 흔적이 긴장을 풀어 흐물흐물해졌다 허리가 불어나고 키도 쪼그라든 주인을 위하여 바지가 변모하고 있었을 것

양복은 구두와 네트워크를 만들고 구두는 주인의 발 크기에 따라 무게를 점검하고, 응급실 오가는 날을 냄새로 시간을

쌓아놓는 옷장이다, 신발장이다, 생사를 옮겨가며 주인의 생
을 살았을 눈물이 옷장 여닫을 때마다 소리가 들린다

비움

간절한 기도 끝에
채운다

빈듯하던
꽉 채운 물항아리가
비로소 텅 비어
충만하다

들릴락 말락 신의 음성

손에 쥔 먼지도
놓고 가라는 말씀

해설

낡은 의자 길들이기 혹은 낡은 의자에 길들여지기

우대식(시인)

이소애 시인의 시선집은 6권의 시집을 6부로 나누어 구성하고 있다. 2002년부터 2021년에 발표된 시집을 대상으로 순차적으로 구성되어 있어 각각의 시적 특성과 변모 양상 등이 보기 좋게 펼쳐진 형상을 하고 있다. 시선집이란 무릇 그동안 해왔던 시 작업 가운데 시인의 입장에서 가장 좋은 작품들을 선하게 되는 까닭에 전체적인 측면에서 유기성은 떨어질 수 있으나 작품의 수월성은 담보되기 마련이다. 이번 시선집 『별도 떨어지면 똥』도 전체적으로 태작 없이 가려서 실은 흔적을 볼 수 있다. 따라서 6부로 나누었지만 각 부에 실린 시의 편수는 차이가 있다. 시선집은 그동안 작업을 결산하는 의미를 띠고 있다. 따라서 시선집에 구성된 작품의 순서에 따라서 전체를 해설하는 것이 온당한 일이라 판단된다. 각 부 별로 장을 나누어 설명해 가는 방식을 취함으로써 통시적 흐름을 살펴보는 것으로 해설을 삼고자 한다.

1.

시인은 '시인의 말'에서 "시(詩)는 내 삶의 파도를 극복하는 원천이었다."고 고백하고 있다. 수많은 인생의 굴곡을 시라는 비장의 무기를 통하여 넘어왔다는 말일 터이다. 시를 웬만큼 써본 사람들은 모두 공감할 것이지만 사실 시란 그리 쉽게 오지 않는다. 감각의 주파수를 온통 시에 맞추어 놓아야 겨우 접속되는 실체가 시라는 말이다. 따라서 이런 고백은 많은 시간을 시를 생각하며 살았다는 말을 뜻하는 것이기도 하다. 이번 시선집의 1부는 「침묵으로 하는 말」을 표제시로 시작하고 있다.

씨앗처럼 말을
기름진 땅에 빠뜨린다면
포도알로 주렁주렁
열매 맺힐 거다

리트머스 종이에 말을
묻혔다 빼어보면
퍼렇게 일렁이는 바닷물
굳어버린 짜디짠 소금이 될 거다

어둠 속 웅덩이에 말을
남몰래 숨겨놓았더니
시커멓게 타다 만 숯덩이일 뿐

하지 않는 말
참고 사는 말
어쩔 수 없이 한으로 숨 막혀
화석으로 남는다

—「침묵으로 하는 말」 전문

실재를 드러내는 대표적인 방식이 언어이다. 언어에 대한 많은 논의들이 있어왔지만 들뢰즈 같은 경우 언어로 표현된 이것을 재현 또는 지층화라는 개념으로 설명하고 있다. 즉 언어라는 틀 안으로 실재를 끌어오는 순간 우리는 실재의 충만을 만나는 것이 아니라 언어로 표현된 일부분만 만난다는 것이다. 시 쓰기의 고민도 여기에 있다. 시어는 본질적인 것을 지향하기 때문에 일상의 관점에서 보자면 혼란을 동반하게 되는 것이다. 원시적 언어의 쓰임에 대한 지향은 시 쓰기의 쾌락이자 즐거움이기도 하다. 이 시는 말의 힘에 대해 쓰고 있다. 눈길이 가는 것은 시의 뒷부분이다. 발화되지 않은 말의 형해로 상징되는 "시커멓게 타다 만 숯덩이"는 "화석"으로 남게 되는데 어쩌면 이 부분에 진정한 실재가 담겨 있다. 시인의 직관은 이것을 간파하고 있다는 점이 이 시의 매력이다. 침묵이야말로 실재에 다가서기 위한 전경이 된다. "화석"이라고 했지만 그 화석은 시로 승화되기 직전의 말의 상태이다. 시 제목이 보여주는 「침묵으로 하는 말」은 바로 보이지 않는 그러나 실재하는 세계로의 진입을 위한 첫걸음인 셈이다. 그리고 시로 가는 길이기도 하다. 이러한 언어에 대한 인식은 사물을 통해 빗대어 드러나기도 한다.

> 응어리진 수많은 언어가
> 몸부림치며 부서지는 눈꽃처럼
> 작게
> 더 작게 드러낸 얼굴
>
> 하고픈 말 소리 내지 못하고
> 안으로 더 깊게 그리움이 가슴으로
> 응축된 땀방울 같은
> 체내의 음운

—「안개꽃」 전문

안개꽃의 형상을 "웅어리진 수많은 언어가/몸부림치며 부서지는 눈꽃" 같다고 그리고 있다. 시적 화자는 참된 가치의 실현이 좀 더 세밀하고 작은 것들로 인해 가능하다고 생각한다. 또한 2연에서와 같이 하고 싶은 말을 다 할 때 그리움의 대상은 현현될 수 없다. 따라서 그리움은 안으로 응축되어야 생생한 감각으로 남아 있게 되는 것이다. 침묵이 시의 전경이듯 내면으로 응축시키는 것이 그리움에 대한 참된 가치의 실현이라는 뜻이다. 같은 맥락에서 절대적 사랑도 죽음 이후에 가능한 일이라고 시인은 말하고 있다. "한 맺힌 영혼과 뜨거운 키스를 나눌/그날을 위하여 나는/나는 쓸쓸하게 죽어가고 있어"(「상사화 2」)에서 보듯 진정한 사랑의 가치란 침묵 혹은 죽음 이후에 가능한 일이다. 이렇듯 1부의 여러 시편들은 평범한 일상을 그리고 있는 듯 보이지만 언어에 대한 자신만의 고뇌와 소멸과 생성이라는 이원의 가치를 하나로 묶어내는 세계관이 자리 잡고 있다.

2.

2부 〈쪽빛 징검다리〉에서의 존재에 대한 탐구가 1부의 침묵과 비견되는 것은 정(靜) 혹은 점(點)을 통한 사유라 할 수 있다.

장성의 성 글라라 수도원은
눈 부릅뜨고 보아도 어둠뿐이었다

지구의 꼭짓점
나 하나,
정(靜)
힘든 용서를 빌고 난 뒤
나는
갓 따온 사과의 향기에 물들었다

미움은 으깨어 작아지게
모난 생각은 깎고 깎아 둥글게
밤 깊도록
묵(默)
아픈 참회가 깊어
몸을 빼내기 힘든 밤이었다

—「성글라라 수도원의 밤」 전문

어둠 속에 찾아간 글라라 수도원에서 시적 화자는 실존적 자아를 만나고 있다. "지구의 꼭짓점/나 하나"라는 시구는 수도원이라는 공간에서 절대적 세계 앞에 선 벌거벗은 실존을 보여준다. 이 종교적 사유가 시적으로 전환되는 계기는 "정(靜)"이라는 관념과 "사과"라는 구체적 사물에 의해서이다. 이 두 매개물은 인공의 개입을 최소화한 상태를 의미하는 것으로 앞서 말한 언어적 침묵과 동일한 의미망을 지니고 있다. 그 자연스러운 전개가 마지막 연의 "묵(默)"이라는 점은 사유의 핵심이 무엇인지 분명히 보여준다. 이소애 시인의 사유가 대체적으로 고요한 가운데 생의 기운과 소멸을 감각해내는 데서 비롯된다는 점은 여러 시에서 확인할 수 있다. 고요와 침묵에 대한 지향은 근원적 원죄의식에서 비롯된다. "고백성사 표를 들고 부들부들 떨었던/신열은 뜨겁기만 했다"(「나는, 내가 두렵다」)는 고백이야말로 내면의 목소리라 할 수 있다. 욕망이란 인간의 본질에 가까운 것이며, 욕망의 실현이란 세계와의 대타적 관계 속에서 수많은 갈등을 야기할 수밖에 없다. 그것이 세상을 살아가는 이치라 할지라도 한 걸음 떨어져서 실존적 자아를 탐구할 때 절대적 세계와 나 이외는 아무것도 없는 정(靜)과 묵(默)의 세계를 만나는 것이다. "아직도 떨고 있는 손"(「나는, 내가 두렵다」)이라는 내적 고백의 문장은 절대적 세계 앞에 선 실존적 자아의 참된 내면을 뜻하는 것이다.

2부의 또 다른 시 「폐선(廢船)」에서는 버려진 폐선을 통해 정중동(靜中動)의 풍광을 핍진하게 그리고 있다. "태풍에 시달렸을 후유증으로 자폐증을 앓고" 있는 폐선의 형상에서 사람살이의 모습을 살펴보는 것도 큰 무리는 없다. 저녁나절의 버려진 폐선의 형상은 쓸쓸하기 짝이 없는 것일 터이지만 그 안에서도 생명의 원리는 작동하고 있다. 한 마리 물고기로 만찬을 벌이는 갈매기나 울음을 참고 있는 농게 모두 이 세상을 살아가는 실존들이다. 이 실존들은 "헝클어진 어부들의 그림자"와 동일한 위계를 지니며 이 세계를 살아간다. 거대한 세계 속에서 폐선은 마치 정지된 화면으로 보이지만 시인의 시선은 그 안에 살아가는 작은 생명체에 시선을 던진다. 고요 속에 바라본 움직임으로서의 작은 생명체의 모습은 진솔한 생명의 본질을 담고 있다. 본질적 욕망에서 또 다른 욕망으로 전이되는 인간의 삶과는 다른 장면을 연출하는 것이다. "저녁놀을 물질하는" 개개비의 형상에 자화상으로서의 시적 자아의 모습이 담겨 있다. 고요는 생명이며 진정한 생명을 관음(觀音)하는 장치인 셈이다.

베란다에 부레옥잠 보랏빛 꽃 피었다
해 떨어지자 보랏빛은 바래고
꽃대만 물속에 기억을 담은 물그림자, 쓸쓸하다

아슬아슬하게 살다 시들어버린 뒷모습
하루를 위하여 발버둥 치는 요란한 합성 들리는가?
하루만 살아야 하는 이유를 아는가?

부레옥잠화!

꿈도 보랏빛이다
꽃은, 슬픈 응어리를 버리지 못한다
제 몸에 스민 꽃 진 사랑의 상처 때문이리

외로움이 보랏빛으로 물들어 간다
해 지면 몸 작아져서
허리 굽히고 꿈도 접어야 할
약속했던 흔적은 어둠으로 잠긴다

—「자화상」 전문

하루만 살다 시들어야 하는 "부레옥잠화"에서 자신을 들여다본다는 것은 생명의 유한성에 대한 자각에서 비롯된다. 또한 미적 인식으로서의 유한성에 대한 자각은 생명을 더욱 처연한 아름다움으로 인식하게 하고 그 실제가 보랏빛 부레옥잠화다. 해가 떨어지면 꽃대가 피어오르던 자신을 비추던 물속의 기억으로 살아야 하는 존재로서의 부레옥잠화는 유한한 삶을 살아가야 하는 자신의 또 다른 모습인 것이다. 그 보랏빛의 실체가 "슬픈 응어리"라는 시구는 아름다움의 현현으로서의 꽃이 상처의 또 다른 이름이라는 것을 말하고 있다. 결국 제 몸의 상처가 꽃의 색깔인 셈이다. 그러나 그 상처는 "사랑의 상처"라는 점에서 사랑 없이는 꽃도 없다는 원융한 생각에 이르게 된다. 꽃이 저문다는 말은 사랑이 저문다는 말이며 살아간다는 것도 사랑의 상처로 점철된다는 것의 다른 말인 것이다. 이 처연한 자화상은 시적 화자로 하여금 침묵 속에 감추어진 생의 비의를 들추어 보게 한다.

3.

3부 〈시간에 물들다〉에서도 상처의 기원으로서 사랑은 여전히 탐구의 대상이다. "혹독한 첫사랑은 상처 속에 향을 품는다 나는 바다 냄새를 좋아했고, 우린 냄새로 소통하는 물고기여서 그가 떠난 뒤에도 첫사랑 냄새를 맡았다"(「첫사랑」)는 낭만적 문장 속에서 상처의 기원인 첫사랑의 냄새를 집요하게 추적하는 한 자아를 만나게 된다. 그러면서도 보다 치열한 현실인식을 보여주고 있다.

원통하고 분해도 떨어지면 똥이다
은하수 무리에 숨어서 숨 쉬면 별이다

밤하늘에 비수를 긋고 뻔쩍이는 빛은
곧 스러진다
똥줄 빠지게 매달려야 산다

반짝거려야 별이다

떨어지면 별똥별이여
내가 나를 붙잡고 살아봐

—「별도 떨어지면 똥」 전문

"별"과 "똥"의 대비를 통해 보여주는 현실인식은 이 세계가 그리 믿을 만한 것이 아니라는 사실이다. 똥의 거처인 땅이나 별의 거처인 은하수는 이미 구조된 세계이며 개별자들은 스스로에 의해 규정되는 것이 아니라 환경을 통해 결정된다는 인식이 그것이다. 즉 비자발적 세계를 살아가야 하는 인간 존재에 대한 비유가 "똥"과 "별"인 셈이다. 별조차도 별이기 위해서는 "똥줄 빠지게 매달려야 산다"는 시적 발언은 이 세계가 인위적이며 경박하다는 것을 단적으로 보여준다. 궁극적으로 시적 화자가 추구하는 것은 주체적 자아에 대한 욕망이다. 바탕으로 인한 그 무엇이 아니라 설령 실패한 별똥별일지라도 "내가 나를 붙잡고 살아"야 한다는 절규는 모순된 세계를 어떻게 넘어갈 것인가 하는 삶의 태도와도 관계가 있다. 이 자발적 태도는 시 쓰기의 행위로 연결된다. "거미줄의 물방울처럼 생을 붙들고 사는 것/쭈뼛쭈뼛했을 어둠의 공포에서 탈출"(「시(詩)와 나」)하는 일이 시 쓰기라는 것은 실재를 가로막는 미명으로부터의 탈출이 시 쓰기라는 것을 암시한다.

신안군 증도 햇살은 팽팽하게 긴장한다 천네 개의 섬이 그물처럼 서로 잡아당기고 있기 때문이다 그물 속에선 은빛 물고기가 파닥거린다 붉은 농게는 허공의 바람을 찍어 갯벌에 꽂고, 오선지에 그린 음표가 살아서 소리를 내는 바다

바람길 따라 조금만 들어가면 바다의 똥 냄새가 물씬거린다 짭조름한 맛, 염전은 염부의 가난을 쪼글쪼글하게 절이고, 늙은 소금밭 일꾼을 위해 바다는 마음껏 사랑을 퍼붓는다 흰 이빨을 벌리고 웃을 때까지 짠맛은 하얀 꽃똥 싼다

어릴 적 아버지가 내 똥을 묻은 구덩이에서 호박꽃 피우듯, 바다의 똥은 소금꽃 피우기 위해 짜디짠 구린내를 품고 산다

—「바다의 똥」 전문

"바다의 똥"은 소금이 되기 직전의 바닷물에 대한 비유이다. 바다와 지상의 접경에서 힘겨운 노동밖에 별다른 도리가 없는 염부들이 소금을 만들어낸다. 소금을 "바다의 똥"에서 나온다고 비유한 것은 육체적 노동의 강도를 보여준다. "염

전은 염부의 가난을 쪼글쪼글하게 절"인다는 것은 바다 노동으로도 가난을 넘어설 수 없는 현실을 뜻하는 것이기도 하다. 지상의 끝과 육체의 끝에서 만들어지는 바다의 똥과 인간의 똥은 새로운 생명을 만들어낸다. 그것들은 호박과 소금으로 다시 태어난다. 냄새나는 것으로부터 호박과 하얀 소금의 생산은 여타의 구별이 없는 일원론적인 사고에서 비롯된다. 깨끗한 것과 더러운 것, 생명과 비생명의 구분이 없다는 것은 시적 화자로 하여금 보다 근원적인 태도를 가지게 한다. 존재하는 것들에 대한 연민과 사랑도 여기에서 비롯되는 것이다.

4.

4부 〈색의 파장〉에서는 어머니, 아버지를 위시한 여시코빼기 친구, 목포 사나이 등 여러 인물들이 호명되고 여항의 대표적 공간인 시장이 등장한다. 무엇보다 지배적인 것은 바다에 대한 형상화이다. 삼례시장으로 상징되는 사람살이란 조잔하면서도 서로에게 삶의 덧옷을 입혀준다. 「사랑꽃」에서의 영감과 할매의 사랑이 그러하고, 시장통의 풍광이 보여주는 위안이 그러하다. "어슬렁어슬렁 걸어서 큰길을 건너면 차들이 알아서 비껴간다 차보다 사람이 먼저 지나가는 장터"(「우울할 때 삼례시장에 가다」)는 시적 화자에게는 원형적인 삶의 공간으로 인식되어 있다. 시장이라는 공간은 상업적 거래를 넘어 "사람대접"(「우울할 때 삼례시장에 가다」)을 받는 곳으로 교환가치를 넘어 사람의 가치가 숨 쉬는 곳이다. 시장에 대한 인상은 사물과 사람이 개별적으로 흩어진 형상으로 존재하는 것이 아니라 혼재된 채 어우러지는 곳이다. 시적 화자가 지향하는 세계는 다툼과 분별로서의 구별이 아니라 이렇듯 혼재된 세계이다. 이 세계에 아버지도 어머니도 옛 사람들도 등장하게 된다.

전주천 물소리가 들리는 남부시장
옹기전 들어가는 입구에는
천둥소리처럼 큰 소리를 지르고
근육이 툭 불거진 튀밥 튀기는 사내가 살았었다

뻥이요~
소리치면 손바닥으로 대포 소리를 막았다
눈감으면 소리는 지붕 위로
아슬아슬하게 날아갔다
콩나물국밥도 삐쭉삐쭉 놀란 시장통 골목에서
소리를 버무려 맛을 낸다
대문짝만 한 도마에서 대파가 쫑쫑 파릇파릇
높고 낮음이 붐비는 소리 시장이었다

수백 배 부풀려 나오는 튀밥이 먹고 싶었다
바닥에 흩어진 튀밥을 엎드려 주워서 먹는
맛, 고소했었다 뻥 소리는
동전 몇 개를 넣으면
문패 달린 기와집과 초록 지폐가
마법에 걸려 독수리같이 비상했었다
아버지가 튀밥 장사를 했으면 했다

사춘기를 튀겨 시인이 되는 꿈은
뻥튀기 기계 속 쌀과 사카린이 유혹했었다
성적표 들이대면 밑바닥 성적이 후울쩍
기린봉 꼭대기로 솟을 것 같았다
아직, 나는 그 꿈을 지니고 산다

—「뻥이요, 튀밥」 전문

시적 화자가 시 속에서 "사내"라고 지칭할 때 그것은 건강한 삶의 전형을 내포하고 있다. 노동으로 근육이 새겨진 사내는 요령을 피울 줄 모르는 인물들이며 자신의 일을 천직으로 여기며 살아간다. 시적 화자의 시선은 그러한 사내들에 대해 무한한 신뢰의 눈빛을 보낸다. 이 시는 전주 남부시장의 튀밥 튀기는 사내를 그리고 있다. 시장의 생명력은 소리에서 비롯된다. 튀밥 튀기는 큰 소리와 "대문짝만 한 도마에서 대파가 쫑쫑 파릇파릇/높고 낮음이 붐비는 소리"의 현장인 시장은 복잡한 관념을 벗어나 육체적 흥을 제공해준다. 시적 화자는 시장에서 어린 시절을 떠올린다. 가난했던 시절의 아버지에 대한 회고는 감상이 되기 쉽지만 이 시에서는 유쾌한 동화적 상상력으로 대치되고 있다. 동정 몇 개를 넣어 집과 지폐가 나오는 어린 시절의 상상력은 시적 화자가 왜 시장을 배회하는지 이해하게 해준다. 이소애 시인에게 시장은 꿈을 꾸는 공간이다. "사춘기를 튀겨 시인이 되는 꿈"은 시장통에서도 여전히 유효하다고 고백하고 있는 것이다. 결국 여항의 대표적 공간으로서 시장은 과거를 추억하는 곳이기도 하지만 사람살이의 진수로 생생한 현장인 곳이다. 그 꿈이 시와 연관되어 있다는 것은 시적 열정의 한 발로라 할 것이다.

> 바다의 색은 노출이다 색은 객관세계에 존재하는 양심의 빛, 그 파장이다 색은 내가 만든다 보고 싶은 생각을 감정의 각도에 따라 색으로 푼다 좌절에서 벌떡 일어나는 꿈이 꺾일 때 색이 보인다
>
> 색은 불협화음의 바다를 시각화하기 위해 파도쳤다 대립하면 감정이 빛의 입자 속에 녹아들었다 갈등과 분노가 폭발하여 색을 빛으로 꺾었다 시퍼렇다 가파른 절벽에서 바라본 바다는 칼날처럼 무섭고 아찔했다 비수처럼 내려

치는 포말은 산통을 겪을 때 내가 그랬었다 그렇게 울었다

폭풍은 가고 절제된 관능의 바다 젖몸살 앓던 육체를 몽환적 터치로 바다에 색을 넣었다 울렁거리는 뜨거운 물감으로 파도는 스스로 색채가 되었다 작열하는 태양의 팔에 안겨 밀착시키고 있었다 반짝거리는 빛은 무채색이어서 흩어지고 싶었을 것이다

생동하는 색은 순수한 쪽빛이다 쪽빛은 사랑을 녹여 설탕으로 만들었다 형체를 보여주기 위해 부서지는 색이라는데 아슴아슴한 안개 같았다 슬픔이 유빙처럼 떠다닐 때의 빛은 아무도 모른다 울렁거리는 젖가슴에 색을 녹이는 사랑을, 위태로운 물감이 바다를 휘감을 것이라는 예감을, 그 울부짖는 색의 소리를

아, 저물녘 바다는 쉬엄쉬엄 붉어지는데, 바다도 파도를 타고 달려갈 줄 안다는데, 사랑은 빨갛게 타들어 가네

—「색의 파장」 전문

시장이 여항에서 꿈을 꾸는 장소라면 바다 혹은 파도는 소리와 색의 변화를 통해 세계의 본질을 탐구하고자 하는 대상이 된다. 바다를 바라보며 시적 화자는 색이란 "객관세계에

존재하는 양심의 빛"이라고 하는 의미심장한 진술을 한다. 수많은 색을 품고 있는 바다의 색을 현현하는 것은 파도이다. 바다가 내포한 다양한 색들은 파도를 통해 불화적 상태가 되었을 때 색으로 드러난다. 시적 화자는 바다가 포말로 부수어져 내릴 때의 상태를 자신의 산통에 견주고 있다. "울렁거리는 뜨거운 물감으로 파도는 스스로 색채가 되었다"는 시적 진술도 자세히 들여다보면 시적 화자의 내면 풍경을 보여주는 것이기도 하다. 그리고 스스로 색채가 되어가는 파도의 형상은 시적 화자의 욕망이기도 하다. 들뢰즈는 감각을 사유의 중요한 요소로 보았다. 우리가 사유하는 대상을 마주치는 일은 감각밖에 할 수 없는 것일 때 가능하다는 것이다. 이 시에서는 감각만 할 수 있을 뿐 인과적 설명이 어려운 한 상태를 직시한다. 그 상태를 놓치지 않으려고 몸부림치고 있다. 바다라는 하나의 덩어리가 파도를 통해 색을 드러내며 일렁이는 상태를 "울부짖는 색의 소리"라는 탁월한 시구로 표현하고 있다. 그의 시에서 바다는 에너지를 함유한 보이지 않는 세계이며 그것을 응시함으로써 파도를 통하여 색을 찾아내는 과정은 실존의 가치를 찾아내는 작업인 것이다. 결국 "양심의 빛"이란 보이지 않는 세계에 대한 탐구라는 의미를 가지게 되는 것이다. 또한 바다는 현실적인 의미로 확장되어 세월호와 연관되기도 한다. 「바다도 슬퍼서 운다」, 「바다를 필사하다」 등의 시편에서는 세월호로 세상을 떠난 이들에 대한 간절한 안타까움이 새겨져 있다. "바다도 슬퍼서 소리 내어 울 때는 사람이 바다를 분노하게 만들어서이다"(「바다도 슬퍼서 운다」)에서처럼 생명에 대한 뜨거운 목소리를 내는 것이다.

5.

5부의 〈수도원에 두고 온 가방〉은 구체적인 삶의 핍진함과 더불어 기원의 양상을 띤 절대자와의 소통이 시의 큰 틀을 형성하고 있다. 그러나 기원의 형식이 종교적 형식에 치우친 것이 아니라 일상에서 건어 올린 깨우침에 줄을 대고 있는 까닭에 시적 풍성함이 더해지고 있다.

> 통증보다 먼저 일어나는 새벽
> 나는 수도원으로 달려갔다
> 달려가
> 용서를 청할 이름 빼곡히 적힌 손가방
> 수도원 대문 앞에 놓고 왔다
>
> 아직 미명이었기 때문일까
> 내 기도는 자주 정처가 없었다
>
> 소나무 사이로 부서지는 햇살이

심장 모서리를 찔렀다
찔끔거리며 돌아오던 사순절이었다
목련 꽃봉오리가 아프게 풀리고 있었다
환하게 피어나기 위해선
죄 감내해야 한다는 듯

용서를 청할 빼곡히 적힌 이름이 든 가방
수녀원 대문간에 두고 왔다
용서할 내 마음을 먼저 두고 왔어야만 했다
통증은 오래 가시지 않았다

—「수도원에 두고 온 가방」 전문

새벽에 일어나 수도원으로 달려가는 마음이란 절대자에 대한 믿음을 바탕으로 하고 있다는 것은 말할 필요가 없을 터이다. 그러나 이 시에서 수도원으로 달려가는 이유가 구원과 같은 개인적 욕망 때문이 아니라 용서받기 위해서라는 말은 시적 화자가 사회적 관계성에 주목한다는 의미이다. 또한 용서를 구하는 방식도 직접 발화의 형식이 아니라 "용서를 청할 이름 빼곡히 적힌 손가방/수도원 대문 앞에 놓고 왔다"는 행위로 실현된다는 점에 주목할 필요가 있다. 그것은 시인이 오랫동안 견지해왔던 언어의 본질에 대한 사유에 값하고 있기 때문이다. 즉 침묵의 언어야말로 가장 절실한 기원의 양식이 된다는 것을 체득했음을 뜻한다. "내 기도는 자주 정처가 없었다"는 진술은 진솔한 자아의 고백이라 할 수 있다. 사람살이의 조잔함이란 끝없이 죄의 굴레에서 벗어나기 어려운 법이다. 이런 태도는 "환하게 피어나기 위해선/죄 감내해야 한다"는 각성을 동반한다. 이러한 각성은 "용서를 청할 이름 빼곡히 적힌 손가방"보다 "용서할 내 마음을 먼저 두고 왔어야만 했다"는 성찰을 동반하는 것이다. 마음이야말로 진실된 가치이며 전제조건이라는 사실은 시적 화자가 세계를 바라보는 시선과 관련이 깊다. 그것은 "내 마음 항상 당신 뜻대로 바꿀 수 있는"(「나무와 나무 사이」) 지경으로의 진입을 꿈꾸고 있기 때문이다. "통증은 오래 가시지 않았다"는 시적 진술은 시적 화자의 고뇌가 끝나지 않았다는 말이 된다. 진지한 형이상학적 탐구로서 용서는 시적 화자의 삶을 이끌어 가는 핵심적인 가치인 셈이다.

성모 마리아는
인력시장 담장 아래 납작 엎드린
키 작은 민들레다
풀죽은 어깨들
시름 날려 보내는 담배 연기다
반 지워진 이력서 같은 지문이다

성모 마리아는
얼음 위에 피는 꽃이다
감기처럼 내게 온 손님이다
의지가지없는 노부부
밤마다 눈물 적시는 베갯잇이다
링거 줄에 목숨 매달고 사는
담벼락 마지막 잎새 같은 휠체어다

성모 마리아는
지붕 낮은 집 닫힌 대문이다
소리 없이 날아와 퍼지는
민들레 홀씨다
내가 잘못을 통회할 때, 빙그레
성모 마리아는 침묵이다

—「침묵으로 오시는 성모 마리아」 전문

5부의 가장 압권에 해당하는 이 시는 성모 마리아에 대한 정의로 이루어져 있다. 물론 이 정의는 매우 주관적이며 여타의 종교시와는 결을 달리하고 있다. 이 정의에 해당하는 사물이나 현상은 시적 화자가 생각하는 연민의 대상들이기도 하다. 성모 마리아의 구현에는 당연히 시적 화자의 세계상이 담겨 있다. "키 작은 민들레", "반 지워진 이력서 같은 지문"이 성모 마리아라는 정의는 낮은 곳으로 임한다는 종교적 함의를 포함하여 시적 화자가 가진 애정의 대상의 무엇인가를 알게 해준다. 가난하고 늙고 병든 자가 흘리는 눈물이 성모 마리아라는 말은 우리가 일상을 살아가면서 섬겨야 할 대상이 누구인지를 가늠하게 해준다. 또한 "성모 마리아는 침묵이다"는 시구에서 또다시 침묵의 가치를 확인할 수 있다. 말의 그물에서 빗겨간 실재들을 회복할 수 있는 길은 침묵 외에 다른 도리가 없는 까닭이다. 어찌 보면 세상의 원리란 지극히 단순하여 누구나 다 알 법하지만 사람들은 나누고 구별하여 복잡하게 만든다. 낮은 자를 사랑하는 일이 성모 마리아를 섬기는 일이라는 자명한 원리를 합리 혹은 자본이라는 미명하에 복잡한 양상으로 끌고 온 것이 인간의 역사이기도 하다. 낮은 목소리로 말하고 있지만 이 시는 문명이라는 이름으로 자행되는 인간의 역사에 대한 비판이 숨겨져 있다. 시인이 여항의 사람살이를 애정하고 작은 것들에 시선을 주는 이유가 여기에 있다. 그 아름다운 한 편의 시가 아래 시이다.

한쪽 접시에 눈물 일흔네댓 방울 올려놓고, 눈금 맞추려
또 한쪽에 보자기에 싼 잔별 일만 팔천 개를 올렸습니다
바늘은 끄떡 않습니다

월명공원 갯바람 열댓 필을 올려도 그대로입니다

돼지감자 꽃잎에 밤새 내린 이슬이 반짝, 처량해 그 빛 몇 방울 저울에 올렸습니다 이제야 양팔이 수평입니다

—「양팔저울」 전문

6.

6부 〈쉬엄쉬엄〉은 인생의 연륜에 빚어진 다정함을 정감 있게 그리며 비움의 철학을 시로 형상화하고 있다. 앞의 시들에서 보이는 사소한 것들에 대한 연민이 보다 구체적인 삶의 형식으로 드러난다.

진도 맹골죽도 갯바위 돌미역은 낫 자국이 있다 미역귀에서는 거친 파도 소리가 난다

따개비처럼 바위에 붙어살았다 파도인 양 바람인 양 평생 갯바위와 한 몸이었다

물고기처럼 바닷물에 젖어 있는 김서운 할매네 돌담 아래 세워둔 김발, 핏빛 노을이 물들고 있다

맹골죽도 사람들 날마다 미역국을 끓이는 건, 살아남은

그날 그날이 생일이기 때문이다

—「미역국」 전문

한 장의 스틸 사진 같은 이 시는 짧지만 섬마을에 살아가는 사람들의 서사가 고스란히 배어 있다. "따개비처럼 바위에 붙어살았다 파도인 양 바람인 양 평생 갯바위와 한 몸이었다"는 섬마을에서의 사람살이는 수많은 사연을 안고 있다. 그것을 비유해주는 것이 "돌미역은 낫 자국"이며 미역귀에서 나는 파도 소리다. 섬마을의 고단한 삶을 살아가는 대표적 개별자가 "김서운 할매네"이다. 시적 화자가 구체적인 서사를 이야기하고 있지는 않지만 바닷물에 젖은 돌담 그리고 핏빛 노을을 통하여 김서운 할매네의 서사를 감지할 수 있다. 시적 진술을 극도로 제어함으로써 독자들 스스로 상상을 유발하고 있다. 특히 "살아남은 그날 그날이 생일"이라는 평범한 듯 보이는 시적 진술은 맹골죽도 사람들의 위태로운 일상을 상징적으로 보여준다. 미역국을 끓이는 일은 그날 그날의 삶의 확인이며 성스러운 일인 것이다. 5부의 사소한 것에 대한 연민의 연장이면서 동시에 구체적 현실의 심화라고 할 수 있다. 또한 「누름돌」, 「양은냄비」 같은 시편들에서 사라지고 볼품없는 것들을 통해 일상의 통 큰 지혜를 길어 올리는 것도 같은 맥락에서 살필 수 있을 것이다. 일상에 대한 애정은 사물로 고스란히 이어진다.

반생이 스몄다

숙일 줄 모르는 주인 닮아 목뼈 뻣뻣하다

내비게이션처럼 나를 이끌던

은밀한 엉덩이를 내 반려보다 더 기억하는

빈센트 반 고흐 〈고갱의 의자〉 결 고운 곡선 같은

내가 길들인

내게 길들어진

낡은 나를 길들이는 늙은 의자

—「의자」 전문

6부의 진경을 보여주는 이 시는 의자라는 사물을 통해 자아를 보여준다. 반생을 같은 의자에서 보낸 시적 화자에게 의자는 사물이 아니라 자신을 비추는 거울로 인식되었을 터이다. 서로 길들여진 관계로서의 의자는 어떻게 살아왔는지 어떻게 살아갈 것인지를 지시하는 인생의 내비게이션이라고 말하고 있다. 어쩌면 시인으로서의 정체성도 의자에서 찾을 수 있을 것이다. "낡은 나를 길들이는 늙은 의자"는 끝없이 또 다른 세계로 가라는 내면의 목소리를 내고 있기 때문이다. 의자 위에서 생이란 시인으로서의 살아가기라는 말과 다르지 않다.

지금까지 이소애 시선집을 연대기적으로 살펴보았다. 그의 시편들은 통시적으로 다양한 변화가 있었으나 시인이라는 자의식은 일관되게 아로새겨져 있었다. 그저 아름다운 시가 아닌 사람살이로서의 시적 형상화는 깊은 울림을 던져주기에 충분했으며, 이소애라는 시인의 진면목을 새삼 다시 느낄 수 있는 기회가 되었다. 감히 유추해 보건대 앞으로도 이소애 시인은 더 많은 날들을 낡은 의자에 앉아 언어와 싸우고 스스로에게 묻고 답하는 시간을 보내게 될 것이다. 어쩌면 그것이 이소애 시인의 시인으로서의 숙명임을 깨닫게 되는 계기가 될지 모르겠지만 앞으로 더 깊고 성찰한 모습으로 우리 앞에 새로운 모습을 보이리라 믿는다. 시선집 출간에 축하의 말을 덧붙인다.

시인동네 시선집

별도 떨어지면 똥

초판 1쇄 인쇄 2022년 9월 19일
초판 1쇄 발행 2022년 9월 26일
지은이 이소애
펴낸이 김석봉
디자인 헤이존
펴낸곳 문학의전당
출판등록 제448-251002012000043호
주소 충북 단양군 적성면 도곡파랑로 178
전화 043-421-1977
전자우편 sbpoem@naver.com

ISBN 979-11-5896-559-4 03810

*이 책은 (재)전북문화관광재단 2022년 지역문화예술육성지원금을 지원받아 제작되었습니다.